LA VIVIENDA
A TRAVES DEL TIEMPO

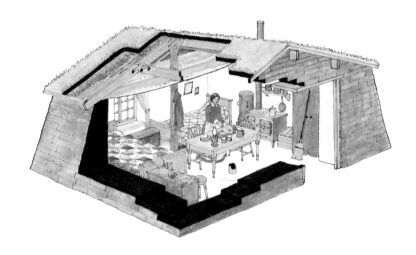

HÁBITATS Y VIDA DOMÉSTICA

Título original:
Houses, Habitats and Home Life

Publicado por Watts, 1994
96 Leonard Street, London EC2A 4RH

Traducción:
Carlos Laguna

Revisión y adaptación:
Anaya Educación/Infantil-Juvenil

Creación y diseño de la colección:
David Salariya

Ilustración:
David Antram: págs. 34-37
Mark Bergin: págs. 14, 15, 20 -23
Catherine Constable: págs. 6, 7, 24, 25
John James: págs. 8-11
Deborah Kindred: págs. 26-29, 42, 43
Mark Peppé: págs. 18, 19, 32, 33
Gerald Wood: págs. 12, 13, 16, 17, 30, 31

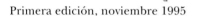

Primera edición, noviembre 1995

© The Salariya Book Co Ltd, 1994
© De esta edición: Grupo Anaya, S. A., 1995
Juan Ignacio Luca de Tena, 15. 28027 Madrid

ISBN: 84-207-6697-6
Depósito Legal: M-37.876-1995
Fotocomposición: Puntographic, S. L.
Sol Naciente, 31. 28027 Madrid
Impresión: ORYMU, S. A.
Ruiz de Alda, 1. Polígono de la Estación
Pinto (Madrid)
Impreso en España/Printed in Spain

LA VIVIENDA
A TRAVES DEL TIEMPO

HÁBITATS Y VIDA DOMÉSTICA

FIONA MACDONALD

ANAYA

CONTENIDO

Las primeras casas

HACE MUCHOS AÑOS, se pensaba que los primeros seres humanos eran «cavernícolas», es decir, que vivían en cavernas, porque carecían de la inteligencia y los conocimientos necesarios para construir casas. Pero hoy en día sabemos que no era así. Aquellos hombres primitivos eran hábiles cazadores, capaces de fabricar armas y herramientas de hueso y piedra, cuyos restos han sido encontrados por los arqueólogos.

△ CHOZA OVALADA de Terra Amata, en el sur de Francia, (de hace unos 300.000 años). Era de palos y ramas.

▷ CHOZA DE PIELES cosidas y tensadas con huesos, construida por cazadores paleolíticos (hace unos 35.000-10.000 años). En el período glacial no había árboles de los que obtener madera para construir. Se han encontrado restos de chozas como éstas en las desoladas estepas de Rusia, Ucrania y República Checa.

◁ HACE UNOS 12.000 AÑOS, los pueblos cazadores construían casas comunales (tiendas) para pasar el invierno. Eran de pieles y madera y en cada una vivían varias familias.

Y también es falsa la idea de que los primeros seres humanos sólo vivían en cuevas. El propio sentido común nos dice que no puede ser cierta, porque se han encontrado esqueletos de hombres primitivos en muchas partes del mundo donde no hay cuevas. Pero, además, existen pruebas de que los primeros seres humanos construían casas. Los arqueólogos han hallado restos de muchos tipos distintos de viviendas de hace más de 300.000 años, y creen que quizá se descubran algún día vestigios de muchas más casas primitivas.

▽ CHOZAS DE FAMILIAS DE PESCADORES de Lepenski Vir, Yugoslavia (5000-4600 a. C.). Eran de madera recubierta de turba.

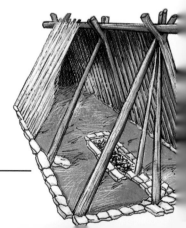

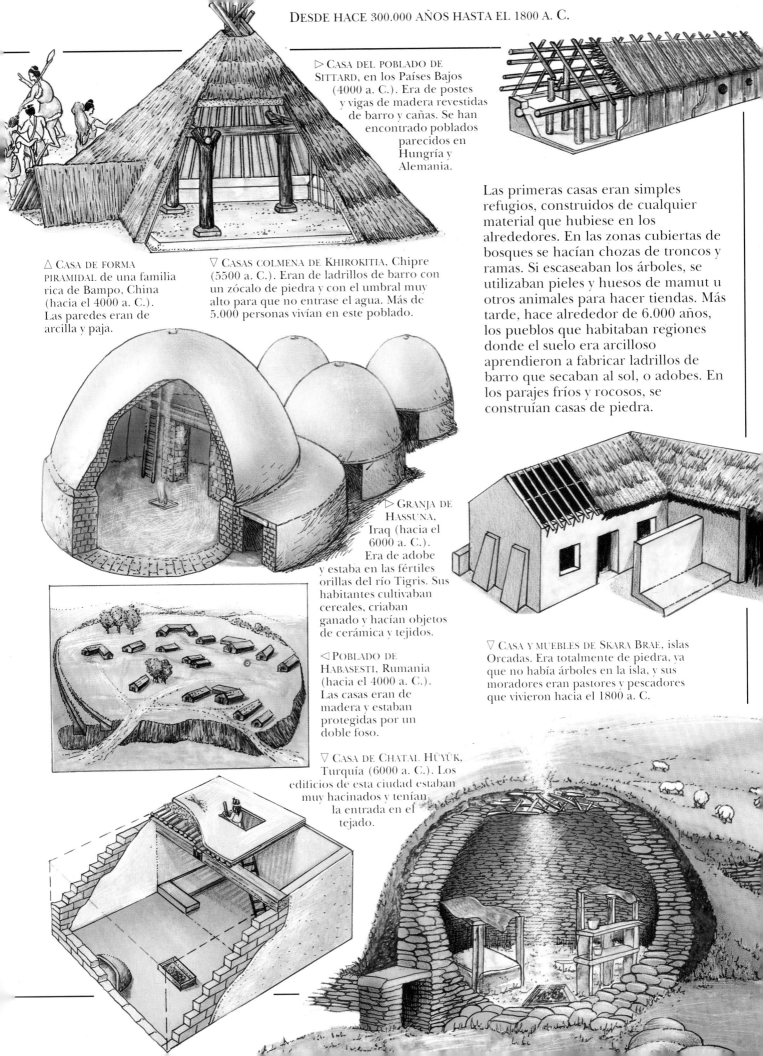

▷ CASA DEL POBLADO DE SITTARD, en los Países Bajos (4000 a. C.). Era de postes y vigas de madera revestidas de barro y cañas. Se han encontrado poblados parecidos en Hungría y Alemania.

△ CASA DE FORMA PIRAMIDAL de una familia rica de Bampo, China (hacia el 4000 a. C.). Las paredes eran de arcilla y paja.

▽ CASAS COLMENA DE KHIROKITIA, Chipre (5500 a. C.). Eran de ladrillos de barro con un zócalo de piedra y con el umbral muy alto para que no entrase el agua. Más de 5.000 personas vivían en este poblado.

Las primeras casas eran simples refugios, construidos de cualquier material que hubiese en los alrededores. En las zonas cubiertas de bosques se hacían chozas de troncos y ramas. Si escaseaban los árboles, se utilizaban pieles y huesos de mamut u otros animales para hacer tiendas. Más tarde, hace alrededor de 6.000 años, los pueblos que habitaban regiones donde el suelo era arcilloso aprendieron a fabricar ladrillos de barro que secaban al sol, o adobes. En los parajes fríos y rocosos, se construían casas de piedra.

▷ GRANJA DE HASSUNA, Iraq (hacia el 6000 a. C.). Era de adobe y estaba en las fértiles orillas del río Tigris. Sus habitantes cultivaban cereales, criaban ganado y hacían objetos de cerámica y tejidos.

◁ POBLADO DE HABASESTI, Rumania (hacia el 4000 a. C.). Las casas eran de madera y estaban protegidas por un doble foso.

▽ CASA DE CHATAL HÜYÜK, Turquía (6000 a. C.). Los edificios de esta ciudad estaban muy hacinados y tenían la entrada en el tejado.

▽ CASA Y MUEBLES DE SKARA BRAE, islas Orcadas. Era totalmente de piedra, ya que no había árboles en la isla, y sus moradores eran pastores y pescadores que vivieron hacia el 1800 a. C.

EGIPTO Y GRECIA

U NA CASA ES MUCHO MÁS que un sitio utilizado para protegerse de las inclemencias del tiempo. Puede servir de fortaleza o de taller, de tienda o de centro de gobierno. Puede ser un sitio donde recibimos a nuestros amigos y colegas, o una forma de poner de manifiesto nuestros gustos y nuestra posición social y riqueza.

△ EN LAS TUMBAS EGIPCIAS se ponían maquetas de casas como ésta.

▽ CASA DE UN CIUDADANO rico de Tebas, Egipto (hacia el 1500 a. C.).

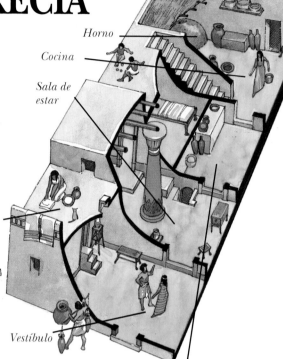

Techo de hojas de palma

Horno

Cocina

Sala de estar

Azotea para trabajar y jugar

Vestíbulo

Dormitorio y almacén

△ CASA DE UN ESCRIBA EGIPCIO (hacia 1520 a. C.). Las casas se hacinaban sin ningún orden en las calles.

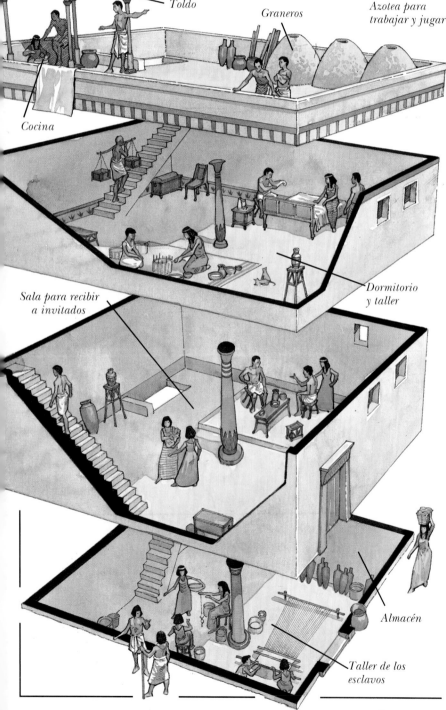

Toldo

Graneros

Cocina

Dormitorio y taller

Sala para recibir a invitados

Almacén

Taller de los esclavos

En casi todas las sociedades antiguas, las casas más grandes y mejor construidas pertenecían a los ciudadanos más ricos y poderosos. Al principio, probablemente esas viviendas fuesen como las del resto de la población, sólo que de mayor tamaño y mejor construidas. Pero en la época de los antiguos egipcios, hace más de 4.000 años, las casas de los ricos se empezaron a hacer de una manera especial, para que no se pareciesen a las de los trabajadores. Tenían una zona privada de vivienda, separada de las habitaciones de los esclavos, e impresionantes salones para recibir a invitados.

◁ LA RECONSTRUCCIÓN de la casa de Tebas (a la izquierda del todo) está basada en esta pintura mural encontrada en sus ruinas.

Los espléndidos restos del palacio real de Cnosos, en la isla griega de Creta, ponen de manifiesto la riqueza y el poder del rey. Las casas de los ciudadanos ricos también eran lugares muy agradables para vivir. Estaban protegidas del ruido y el bullicio de la ciudad por altos muros, y tenían amplios patios abiertos en el centro de la vivienda. Las cocinas se construían aparte, para evitar la molestia del humo y el olor de las comidas.

Las casas de los ciudadanos acomodados de la antigua Grecia reflejaban las creencias y valores tradicionales. Así, en todas ellas había un altar para adorar a los dioses, una sala donde los hombres se reunían con sus amigos y un espacio reservado exclusivamente para las mujeres y los niños, llamado gineceo; pues los ciudadanos griegos prohibían a las mujeres participar en la vida pública y en cualquier actividad junto a los hombres, aunque fuese en su propia casa.

△ MAQUETAS DE CASAS DE CERÁMICA decorada, encontradas en la ciudad de Zákros, Creta. Los dibujos se debían de hacer con pinturas o con ladrillos de distintos colores.

▽ CASA DE PRIENE, Asia Menor (400 a. C.). Tenía una alta tapia alrededor y un amplio patio en el centro.

△ EL PALACIO DEL REY MINOS en Creta (hacia el 1700 a. C.). Sus moradores disfrutaban de grandes comodidades y lujos. Las paredes estaban decoradas con maravillosos frescos; había cuartos de baño, agua corriente y bonitos jardines.

▷ CASA DE UNA FAMILIA RICA de Atenas, alrededor del 400 a. C. Las paredes eran de ladrillo; el suelo, de piedra, y la cubierta, de tejas.

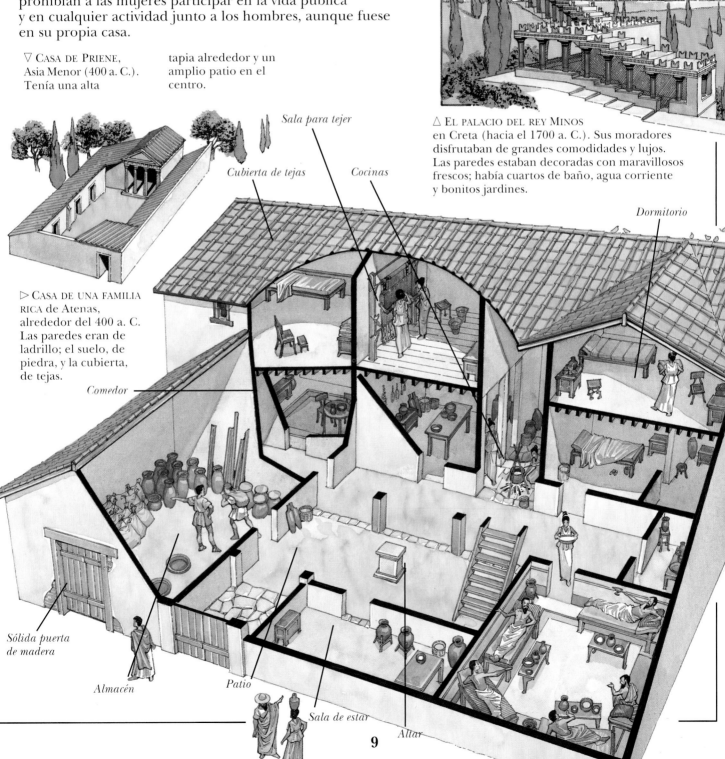

Sala para tejer

Cubierta de tejas

Cocinas

Dormitorio

Comedor

Sólida puerta de madera

Almacén

Patio

Sala de estar

Altar

9

LA ROMA ANTIGUA

Atrio

Mosaico

Sala de recepción

Jardín interior

Estanque

Dormitorios

△ LA «CASA DEL ATRIO DE MOSAICO» en Herculano, Italia, construida en el siglo I d. C.

▽ BLOQUE DE PISOS, llamados *insulae* («islas»), del próspero puerto romano de Ostia, construido hacia el 100 d. C.

E N SU APOGEO, alrededor del 100 d. C., Roma era una de las ciudades mayores y más densamente pobladas que se hubiesen visto nunca. Los historiadores calculan que tenía alrededor de 700.000 habitantes, la mayoría de los cuales vivían hacinados extramuros. No había espacio suficiente para levantar amplias casas con patio, como las de los griegos, así que los romanos construyeron los primeros bloques de viviendas, tan comunes ahora en todo el mundo. Se trataba de edificios de cinco o seis pisos, con casas estrechas y mal iluminadas, por lo general sin agua corriente; casi todas eran de alquiler y en ellas vivían las clases populares.

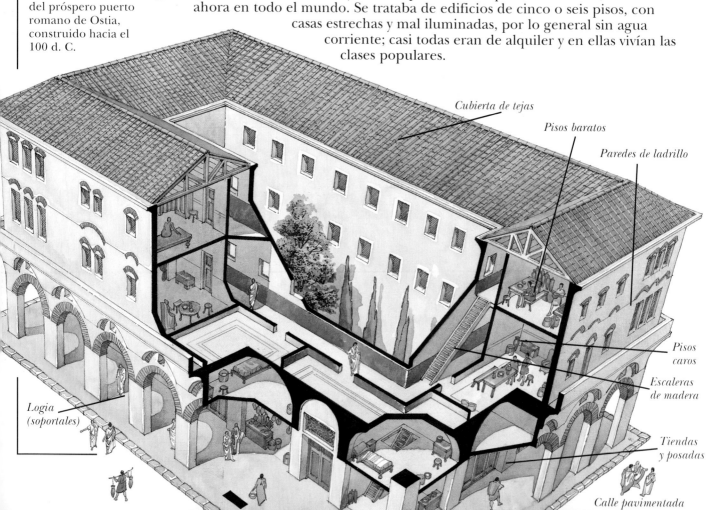

Cubierta de tejas

Pisos baratos

Paredes de ladrillo

Pisos caros

Escaleras de madera

Tiendas y posadas

Logia (soportales)

Calle pavimentada

▽ ESTA CASA DE HERCULANO quedó enterrada por las cenizas del volcán Vesubio en el 79 d. C.

◁ LA FAMILIA ROMANA que vivió aquí era rica y poderosa. La casa tenía elegantes salas para recibir a los invitados y habitaciones privadas para la familia.

△ MUEBLES de un dormitorio romano: Cama (1). Mesa con tres patas de bronce (2). Silla tapizada (3). Cuna de madera (4).

Salas de estar para la familia

En el campo y en los territorios conquistados había más espacio. Los emperadores levantaban palacios, mientras que los agricultores ricos y los funcionarios construían villas (casas de campo) en medio de sus extensas fincas. Las villas romanas eran al mismo tiempo cómodas residencias campestres y granjas. Las familias ricas que vivían en ellas tenían influencia e infundían respeto: eran dueñas de la tierra y de los esclavos que la trabajaban, representaban a la autoridad en ese lugar y tenían relaciones con el Gobierno de Roma.

▷ DIFERENTES TIPOS de vajilla utilizada en un comedor romano: Copa de cerámica pintada negra (1). Copa de plata (2). Piezas de cerámica pintada roja (3).

▽ PALACIO del emperador romano Diocleciano en Split, Yugoslavia, 300 d. C.

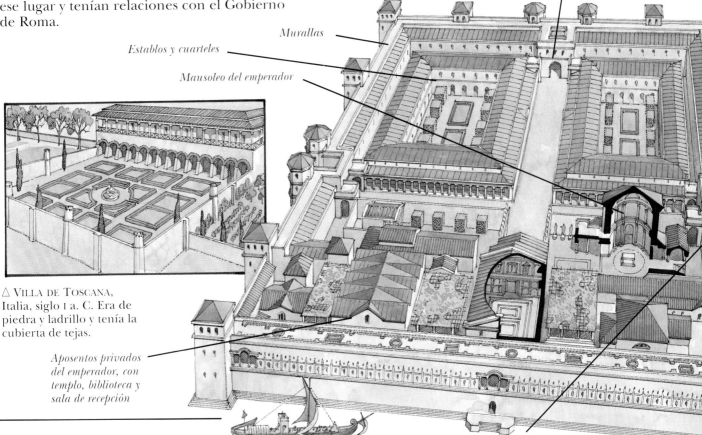

Entrada principal

Murallas

Establos y cuarteles

Mausoleo del emperador

△ VILLA DE TOSCANA, Italia, siglo I a. C. Era de piedra y ladrillo y tenía la cubierta de tejas.

Aposentos privados del emperador, con templo, biblioteca y sala de recepción

Mar Adriático

Dependencias de las mujeres

△ CASA REDONDA celta. El techo era de paja.

◁ CASA de un granjero celta y su familia (hacia el 500 a. C.). Las paredes se hacían con troncos de árboles y ramas entrecruzadas. En las regiones rocosas eran de piedra.

CELTAS Y VIKINGOS

L AS CASAS DE LOS PUEBLOS CELTAS, que habitaron en el oeste de Europa entre el 1500 a. C. y 200 d. C., aproximadamente, tenían forma redonda y altos techos cónicos. No las construían de este modo porque creyeran que la estructura circular era mejor, sino por costumbre. Antiguamente, este tipo de tradiciones culturales ejercía a veces una gran influencia en los estilos. La forma redonda se abandonó cuando los invasores vikingos conquistaron los territorios celtas. No obstante, el sentido práctico es el que ha ejercido siempre una mayor influencia en el modo en que se construían las viviendas en Europa: lo más importante era que las casas protegiesen bien a sus moradores de las inclemencias del tiempo.

▽ CASA DE LA CIUDAD VIKINGA DE HEDEBY (hacia el 950 d. C.). Las sólidas paredes de madera y la gruesa cubierta de paja aislaban del frío. Las casas vikingas tenían una sola habitación, que servía para trabajar, cocinar, comer y dormir. Los muebles eran de madera; las camas se cubrían con pieles o mantas tejidas.

△ ALDEA DE CAMPESINOS FRANCOS de Alemania (hacia el 600 d. C.). Las viviendas eran de madera y paja, y tenían al lado graneros y establos.

△ EN ISLANDIA no hay árboles, así que las casas eran de piedra y turba.

Cama

Mesa

Hogar

Telar

Retrete

Barriles de madera

LA EDAD MEDIA

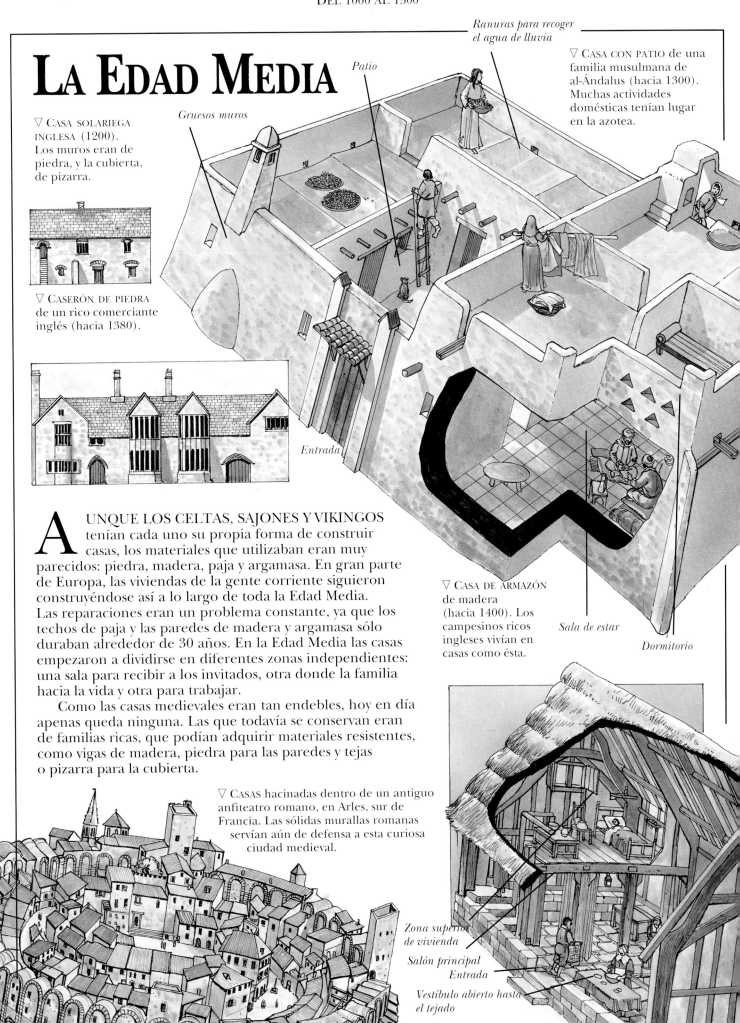

▽ CASA SOLARIEGA INGLESA (1200). Los muros eran de piedra, y la cubierta, de pizarra.

▽ CASERÓN DE PIEDRA de un rico comerciante inglés (hacia 1380).

Patio

Gruesos muros

Ranuras para recoger el agua de lluvia

▽ CASA CON PATIO de una familia musulmana de al-Ándalus (hacia 1300). Muchas actividades domésticas tenían lugar en la azotea.

Entrada

▽ CASA DE ARMAZÓN de madera (hacia 1400). Los campesinos ricos ingleses vivían en casas como ésta.

Sala de estar

Dormitorio

Zona superior de vivienda

Salón principal
Entrada

Vestíbulo abierto hasta el tejado

AUNQUE LOS CELTAS, SAJONES Y VIKINGOS tenían cada uno su propia forma de construir casas, los materiales que utilizaban eran muy parecidos: piedra, madera, paja y argamasa. En gran parte de Europa, las viviendas de la gente corriente siguieron construyéndose así a lo largo de toda la Edad Media. Las reparaciones eran un problema constante, ya que los techos de paja y las paredes de madera y argamasa sólo duraban alrededor de 30 años. En la Edad Media las casas empezaron a dividirse en diferentes zonas independientes: una sala para recibir a los invitados, otra donde la familia hacía la vida y otra para trabajar.

Como las casas medievales eran tan endebles, hoy en día apenas queda ninguna. Las que todavía se conservan eran de familias ricas, que podían adquirir materiales resistentes, como vigas de madera, piedra para las paredes y tejas o pizarra para la cubierta.

▽ CASAS hacinadas dentro de un antiguo anfiteatro romano, en Arles, sur de Francia. Las sólidas murallas romanas servían aún de defensa a esta curiosa ciudad medieval.

CASTILLOS MEDIEVALES

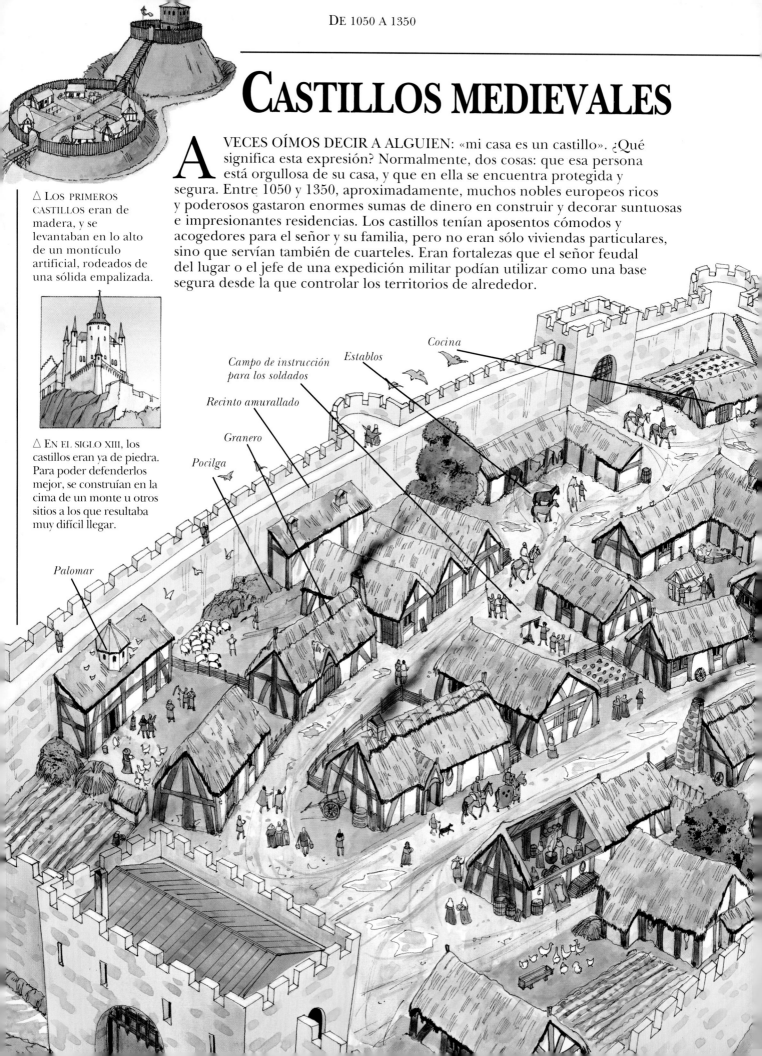

A VECES OÍMOS DECIR A ALGUIEN: «mi casa es un castillo». ¿Qué significa esta expresión? Normalmente, dos cosas: que esa persona está orgullosa de su casa, y que en ella se encuentra protegida y segura. Entre 1050 y 1350, aproximadamente, muchos nobles europeos ricos y poderosos gastaron enormes sumas de dinero en construir y decorar suntuosas e impresionantes residencias. Los castillos tenían aposentos cómodos y acogedores para el señor y su familia, pero no eran sólo viviendas particulares, sino que servían también de cuarteles. Eran fortalezas que el señor feudal del lugar o el jefe de una expedición militar podían utilizar como una base segura desde la que controlar los territorios de alrededor.

△ LOS PRIMEROS CASTILLOS eran de madera, y se levantaban en lo alto de un montículo artificial, rodeados de una sólida empalizada.

△ EN EL SIGLO XIII, los castillos eran ya de piedra. Para poder defenderlos mejor, se construían en la cima de un monte u otros sitios a los que resultaba muy difícil llegar.

Cocina

Establos

Campo de instrucción para los soldados

Recinto amurallado

Granero

Pocilga

Palomar

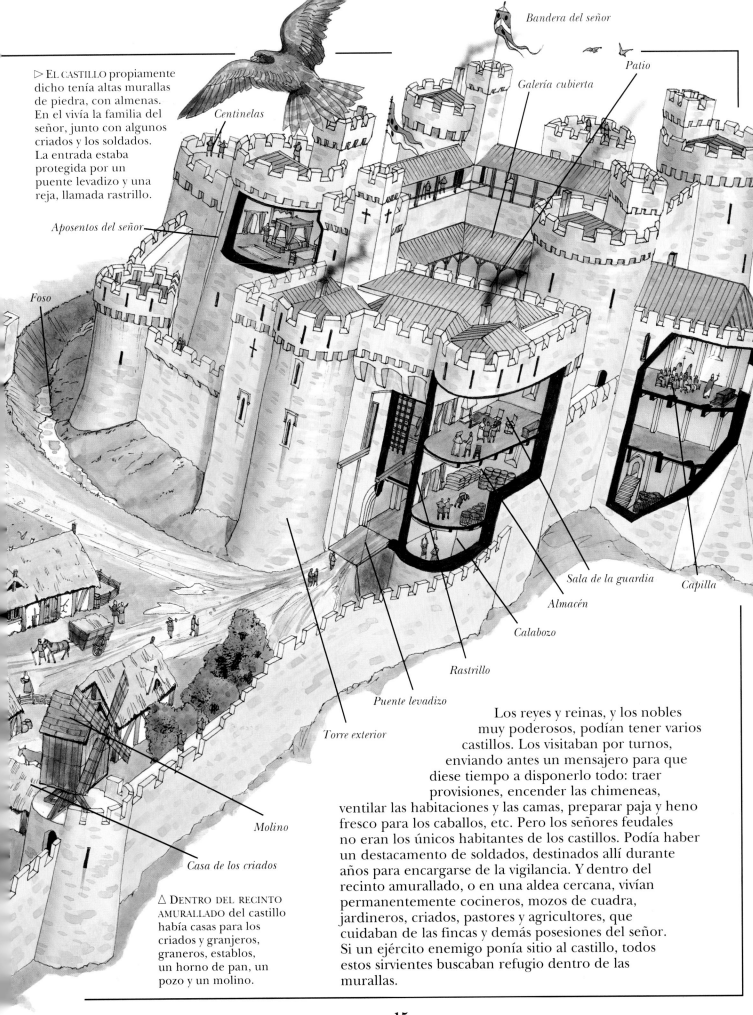

Bandera del señor

Patio

Galería cubierta

▷ EL CASTILLO propiamente dicho tenía altas murallas de piedra, con almenas. En el vivía la familia del señor, junto con algunos criados y los soldados. La entrada estaba protegida por un puente levadizo y una reja, llamada rastrillo.

Centinelas

Aposentos del señor

Foso

Sala de la guardia

Capilla

Almacén

Calabozo

Rastrillo

Puente levadizo

Torre exterior

Molino

Casa de los criados

△ DENTRO DEL RECINTO AMURALLADO del castillo había casas para los criados y granjeros, graneros, establos, un horno de pan, un pozo y un molino.

Los reyes y reinas, y los nobles muy poderosos, podían tener varios castillos. Los visitaban por turnos, enviando antes un mensajero para que diese tiempo a disponerlo todo: traer provisiones, encender las chimeneas, ventilar las habitaciones y las camas, preparar paja y heno fresco para los caballos, etc. Pero los señores feudales no eran los únicos habitantes de los castillos. Podía haber un destacamento de soldados, destinados allí durante años para encargarse de la vigilancia. Y dentro del recinto amurallado, o en una aldea cercana, vivían permanentemente cocineros, mozos de cuadra, jardineros, criados, pastores y agricultores, que cuidaban de las fincas y demás posesiones del señor. Si un ejército enemigo ponía sitio al castillo, todos estos sirvientes buscaban refugio dentro de las murallas.

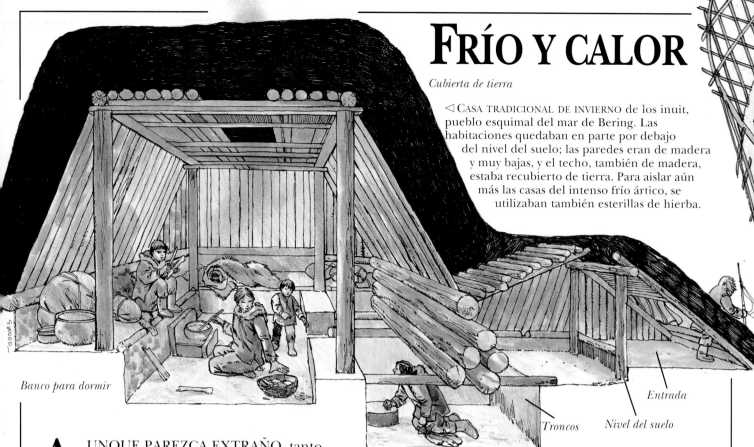

FRÍO Y CALOR

Cubierta de tierra

◁ CASA TRADICIONAL DE INVIERNO de los inuit, pueblo esquimal del mar de Bering. Las habitaciones quedaban en parte por debajo del nivel del suelo; las paredes eran de madera y muy bajas, y el techo, también de madera, estaba recubierto de tierra. Para aislar aún más las casas del intenso frío ártico, se utilizaban también esterillas de hierba.

Banco para dormir

Troncos   *Nivel del suelo*   *Entrada*

AUNQUE PAREZCA EXTRAÑO, tanto en los sitios donde hace mucho calor como en los que hace mucho frío se necesita el mismo tipo de casas: lo importante es que estén bien aisladas. El aislamiento las protege de las inclemencias del tiempo, manteniendo en el interior una temperatura lo más agradable posible. Tradicionalmente, se han utilizado como materiales aislantes, los troncos de madera, la paja, las ramas y la tierra. En las heladas regiones árticas, los esquimales construían casas subterráneas, protegidas por una gruesa capa de tierra; no tenían ventanas, y la puerta estaba resguardada por un túnel. En África tropical, las casas tradicionales también tenían gruesas paredes y techos de tierra o adobe. En los desiertos del sudoeste de América del Norte, los indios construían sus casas por debajo del nivel del suelo o al abrigo de profundas gargantas para protegerse del frío en invierno y del calor en verano.

▽ CASA TRADICIONAL DE MADERA de los indios sitka de Alaska. Está decorada con rostros tallados y dibujos de los antepasados de sus moradores.

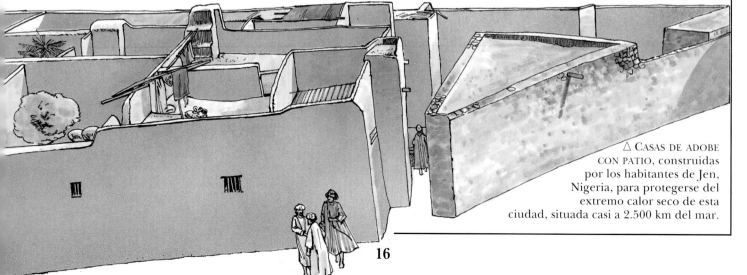

△ CASAS DE ADOBE CON PATIO, construidas por los habitantes de Jen, Nigeria, para protegerse del extremo calor seco de esta ciudad, situada casi a 2.500 km del mar.

△ EL FIELTRO DE LA *YURTA* se hace con fibras de lana humedecidas, enrolladas y comprimidas.

△ LAS PAREDES DE LA *YURTA* se componen de un *khana*, hecho de ramas de abedul entrecruzadas.

△ EL TECHO DE LA *YURTA* es una corona central de madera curvada.

△ LA CORONA del techo se apoya en las paredes por medio de largos postes. El marco de la puerta es de madera.

△ PARA QUE LAS PAREDES no se desmoronen, se coloca a su alrededor una banda de tela muy tirante.

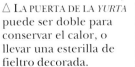

△ LA PUERTA DE LA *YURTA* puede ser doble para conservar el calor, o llevar una esterilla de fieltro decorada.

◁ TIENDA MONGOL, o *yurta*, hecha con un grueso fieltro de lana, que cubría un armazón de ligeros postes de madera. Durante siglos, los mongoles construyeron sus casas según este tipo de vivienda tradicional.

▽ TIENDA DE ALGODÓN y soportes curvos de madera del pueblo hammunat, que vive en el desierto del Sahara.

PUEBLOS NÓMADAS

H ASTA AHORA, sólo hemos hablado de casas construidas por pueblos sedentarios, pero en algunas regiones del mundo era imposible llevar un tipo de vida estable. Sus habitantes eran nómadas: viajaban de un lugar a otro cazando animales para alimentarse o en busca de pastos para su ganado. Muchos de ellos vivían en casas parecidas a tiendas de campaña, hechas de telas o pieles extendidas sobre una estructura plegable y portátil de postes de madera. A diferencia de otras muchas formas de construcción, hacer estas viviendas portátiles era con frecuencia tarea de mujeres.

Cubierta de tipi

▽ LIMPIEZA de una piel de bisonte para hacer un *tipi*.

◁ LOS INDIOS de las grandes praderas de Norteamérica vivían en *tipis* de piel de bisonte en sus desplazamientos en busca de los animales que cazaban para alimentarse.

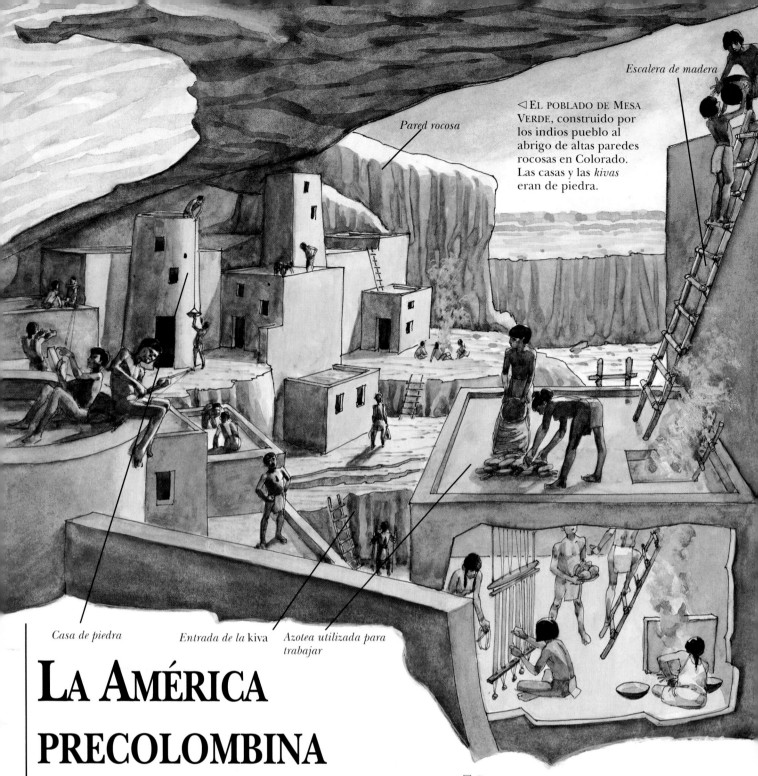

Pared rocosa

◁ EL POBLADO DE MESA VERDE, construido por los indios pueblo al abrigo de altas paredes rocosas en Colorado. Las casas y las *kivas* eran de piedra.

Escalera de madera

Casa de piedra

Entrada de la kiva

Azotea utilizada para trabajar

LA AMÉRICA PRECOLOMBINA

E N LOS INHÓSPITOS DESIERTOS de Arizona y Nuevo México, en el sudoeste de Estados Unidos, diversas tribus indias levantaron, entre los siglos X y XIV, grandes complejos de viviendas de piedra. Los españoles llamaron a estas tribus «indios pueblo», porque sus casas, que formaban un solo bloque, con escaleras y pasillos, parecían un pueblecito. Esta forma de construir sus poblados reflejaba el sentimiento de solidaridad de esta comunidad. Las mujeres expresaban esta unión moliendo el maíz y haciendo el pan juntas, y en sus poemas y canciones; y los hombres y los jóvenes, en ceremonias rituales, celebradas en cámaras subterráneas, llamadas *kivas,* que se construían en el centro de cada poblado.

▽ CASA DE LA CIUDAD INCA DE MACHU PICCHU, Perú (hacia 1450). Las piedras de las paredes se labraban a mano para que encajasen perfectamente unas en otras.

▽ *HOGAN* (CASA DE TIERRA) tradicional de los indios navajos, que vivían en las inhóspitas regiones del sudoeste de Estados Unidos. La capa de tierra que recubría el armazón de madera servía de aislamiento.

▽ POBLADO INDIO DE FLORIDA (hacia 1600). Las casas eran de madera, con el techo de hojas, y estaban rodeadas por una sólida empalizada.

△ CASA AZTECA DE MÉXICO (hacia 1450). Era de adobe, con el techo de cañas. Las paredes estaban encaladas.

▽ DOS VISTAS DE UN POBLADO de los indios pueblo, en Nuevo México. Las casas formaban un solo bloque de varios pisos. A las superiores se llegaba por escaleras.

Otros pueblos precolombinos destacaron también por su capacidad para adaptar su arquitectura al medio ambiente, y, entre los siglos VIII y XVI, desarrollaron notables estilos arquitectónicos en lugares que, por su características geográficas, planteaban grandes problemas para la construcción de ciudades. En la cordillera peruana de los Andes, las casas se hacían siempre con piedra labrada, lo que les permitía resistir terremotos capaces de destruir cualquier edificio moderno de ladrillos. En los frondosos bosques de Florida y Virginia no había piedra, así que las paredes y los techos de las casas, e incluso las estatuas de los dioses, se hacían con diferentes partes de los árboles. En México, los aztecas tenían huertos, llamados chinampas, que ganaban terreno a los lagos, y que habían creado mediante la construcción de islas flotantes, armazones de varas y cañas que rellenaban de tierra fértil.

◁ POBLADO DE LOS INDIOS MOHAWKS (1750), que poblaban las tierras de lo que es hoy Nueva York.

△ CASA DE ARMAZÓN
DE MADERA, construida
por un comerciante
de Nuremberg,
Alemania,
siglo XV.

△ CASAS DE ARMAZÓN
DE MADERA, construidas
por artesanos tejedores
de Suffolk, Inglaterra
(hacia 1490).

EL RENACIMIENTO

E N EL SIGLO XV, en muchas ciudades europeas los artesanos y los comerciantes tenían su vivienda encima de la tienda o el taller. Las casas se hacían de forma que sirvieran a la vez como vivienda familiar, lugar de trabajo, almacén, tienda. Los artesanos se dedicaban cada cual a su oficio: tejer ropa, fabricar magníficos objetos de cuero o metal, etc. Los comerciantes hacían complicados negocios con otros países, comprando y vendiendo productos de lujo, como seda, azúcar y especias. Toda la familia trabajaba en el negocio: los hombres enseñaban a sus hijos y aprendices (que vivían con la familia) todos los «secretos del negocio»; las mujeres y las niñas atendían a los clientes y llevaban las cuentas, además de ocuparse de las labores domésticas. Estas tiendas o talleres vivienda no eran todas iguales. Las había pequeñas y exiguas, como las humildes casitas de modestos artesanos, y magníficas, como las mansiones de armazón de madera construidas por los comerciantes alemanes, y los bellos *palazzi* (palacios) de piedra de los hombres de negocios italianos.

△ CASA DE PIEDRA,
construida por un
rico comerciante
de Venecia,
(hacia 1490).

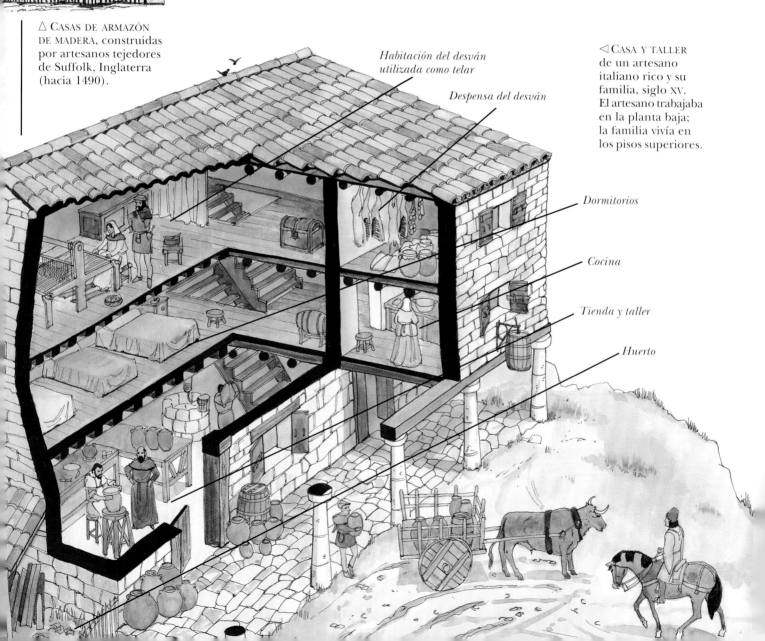

*Habitación del desván
utilizada como telar*

Despensa del desván

◁ CASA Y TALLER
de un artesano
italiano rico y su
familia, siglo XV.
El artesano trabajaba
en la planta baja;
la familia vivía en
los pisos superiores.

Dormitorios

Cocina

Tienda y taller

Huerto

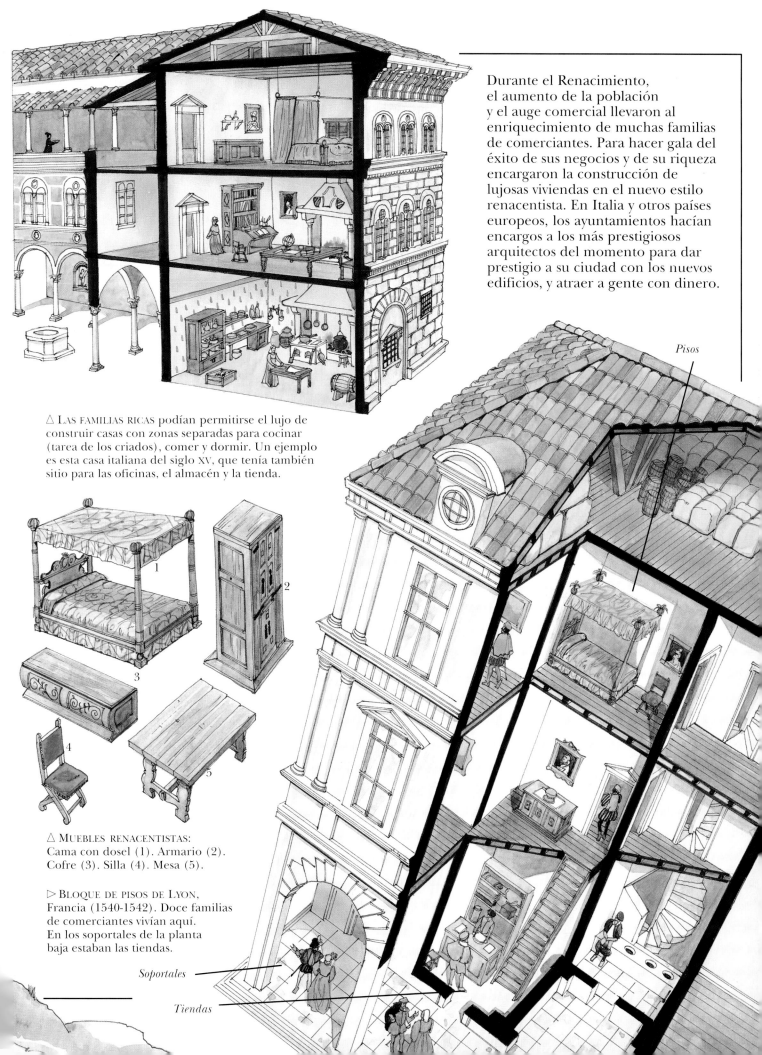

Durante el Renacimiento,
el aumento de la población
y el auge comercial llevaron al
enriquecimiento de muchas familias
de comerciantes. Para hacer gala del
éxito de sus negocios y de su riqueza
encargaron la construcción de
lujosas viviendas en el nuevo estilo
renacentista. En Italia y otros países
europeos, los ayuntamientos hacían
encargos a los más prestigiosos
arquitectos del momento para dar
prestigio a su ciudad con los nuevos
edificios, y atraer a gente con dinero.

Pisos

△ LAS FAMILIAS RICAS podían permitirse el lujo de
construir casas con zonas separadas para cocinar
(tarea de los criados), comer y dormir. Un ejemplo
es esta casa italiana del siglo XV, que tenía también
sitio para las oficinas, el almacén y la tienda.

1
2
3
4
5

△ MUEBLES RENACENTISTAS:
Cama con dosel (1). Armario (2).
Cofre (3). Silla (4). Mesa (5).

▷ BLOQUE DE PISOS DE LYON,
Francia (1540-1542). Doce familias
de comerciantes vivían aquí.
En los soportales de la planta
baja estaban las tiendas.

Soportales

Tiendas

▽ INTERIOR DE LA CASA de una familia humilde neerlandesa (siglo XVII). El mobiliario era sencillo: una silla, un aparador y una cama.

▷ UNA CALLE DE AMSTERDAM, en el siglo XVII. Las casas estaban amuebladas con lujo y eran muy cómodas. Tenían espacio suficiente para almacenar también mercancías.

EL NORTE DE EUROPA

▽ CASA DE UNA FAMILIA RICA de Plymouth, Inglaterra, a principios del siglo XVII. En las ciudades muy populosas, se construían casas de varios pisos para aprovechar el espacio.

LAS CASAS TRADICIONALES DE LAS CIUDADES del norte de Europa tenían un armazón de madera, revestido de argamasa y cubierto con paja. Durante el siglo XV ya se construían casas de ladrillo en las ciudades costeras del Báltico.

La utilización del ladrillo empezó a generalizarse en el siglo XVII en las prósperas ciudades del norte de Europa, enriquecidas por la actividad comercial. Éste fue el caso de Amsterdam, que en esta época dominaba el tráfico comercial: a su puerto llegaban mercancías de todo el mundo y desde allí se redistribuían al norte de Europa. Los ladrillos eran caros, pero permitían levantar estructuras más altas y resistentes. Además, no se destruían en caso de incendio, lo cual era muy importante en los sitios donde las casas estaban muy juntas. En el siglo XVII, en Amsterdam se prohibieron los edificios con armazón de madera por el peligro de incendio que suponían.

Dentro de una casa de ladrillo típica de las ciudades del norte de Europa todo era sencillo, de acuerdo con la sobriedad y el espíritu puritano de los países protestantes, pero de buena calidad y hecho para durar mucho. Es posible que, comparadas con las italianas, esas casas parecieran poco elegantes, pero probablemente fueran, como viviendas, mucho más cómodas.

ÁFRICA

EN MUCHAS PARTES DEL MUNDO, es difícil encontrar piedra para construir, e incluso si la hay, puede que no se disponga de los medios necesarios para extraerla y transportarla. Pero la falta de materiales o de mano de obra no ha impedido el desarrollo de muchas formas tradicionales de construir casas. Aunque estas viviendas tradicionales sean a veces de construcción muy sencilla, están diseñadas con mucho cuidado y detalle. En algunas zonas de África, se plantan «murallas vivas» de arbustos para proteger los poblados de los ataques de tribus enemigas o de los animales salvajes; si se mantienen bien cuidadas, es imposible atravesarlas. En los lugares donde las inundaciones son frecuentes, los edificios se construyen sobre pilotes. Donde no hay piedra ni madera, se utilizan esteras de hierba o barro secado al sol para hacer las casas. Para distinguir las viviendas de los jefes y demás miembros importantes de la comunidad, se decoran sus paredes, puertas y ventanas.

△ POBLADO DE CAMERÚN, rodeado de una muralla defensiva de espinos venenosos.

▽ *GINNA* (casa de un sacerdote de la tribu dogon) de Malí.

◁ CASAS *MABA* DE CAMERÚN. Son de piedra, con el techo de paja, de forma cónica.

◁ ENTRADA TALLADA y decorada de una casa tradicional de adobe de Kano, en Nigeria.

▽ LA CIUDAD LACUSTRE DE GANVIÉ, en Benín. Todas las casas están construidas sobre pilotes.

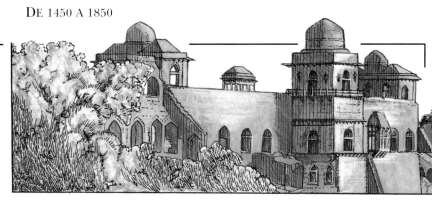

INDIA

E L SUBCONTINENTE DE LA INDIA es muy grande y variado, y los pueblos que lo han conquistado a lo largo de los siglos han sacado un enorme provecho de él. La mayoría de ellos se dejaron influir por la antigua civilización que encontraron allí, pero también difundieron su propia cultura, especialmente en la pintura y escultura, la arquitectura, la lengua y el derecho. Como consecuencia de ello, la India tiene hoy en día un gran número de edificios antiguos en cuya construcción se mezclaron los estilos indígenas con los importados.

Esta mezcla cultural se advierte sobre todo en las casas construidas por familias ricas y poderosas. Las de la gente corriente, es decir, las de la mayoría de la población, no se vieron tan afectadas por las modas extranjeras. En este caso, como en el de las viviendas humildes de cualquier otro lugar del mundo, la forma de construir las casas ha estado siempre determinada por las necesidades y las tradiciones de la gente del lugar y por los materiales de construcción disponibles.

△ EL PALACIO DE JAHAZ MAHAL, construido en estilo afgano por los gobernantes de Mandu, India central (siglo XV).

▷ CASA DE PUEBLO tradicional de Cachemira, norte de la India (1760).

▷ PALACIO DE ESTILO EUROPEO de los rajás (reyes) de Tanjore (1828).

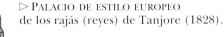

△ PALACIO DE LA CIUDAD DE AMBER, construido hacia 1600 por los gobernantes *rājpūts* del antiguo estado de Kachwaha. Se edificó con piedras bellamente labradas, en medio de un paraje espectacular y muy bien protegido, y fue la principal residencia oficial hasta que se fundó la ciudad de Jaipur en 1727.

▽ CASA DE ESTILO EUROPEO de una familia británica rica, principios del siglo XIX. Estaba rodeada de amplios jardines y tenía frescas habitaciones subterráneas, que se utilizaban cuando hacía mucho calor. Algunos comerciantes británicos y funcionarios de la Compañía Inglesa se las Indias Orientales se construyeron casas así.

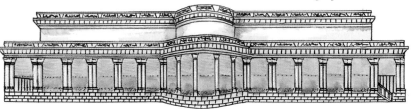

▽ CASTILLO DE HIMEJI, reconstruido en 1608. La espléndida torre principal, de madera y argamasa, se alzaba sobre una sólida plataforma de piedra, rodeada de murallas también de piedra.

JAPÓN

TODA COMUNIDAD, del pasado o del presente, tiene un «lenguaje arquitectónico secreto», que sus miembros comprenden bien, pero que resulta enigmático para los extranjeros. Los edificios tradicionales japoneses son un buen ejemplo de ello. Expresan con toda claridad la posición social de su dueño. Por ejemplo, en el siglo XVII, pocos señores feudales japoneses ocupaban ya los magníficos castillos de madera y argamasa construidos en el estilo tradicional; se habían trasladado a vivir, junto con su familia y su guardia, en sólidas casas de piedra levantadas cerca del castillo.

▽ LAS CASAS TRADICIONALES JAPONESAS tenían un edificio separado, llamado *kura*, que servía de almacén. Este *kura* tan decorado es de principios del siglo XVI.

▽ LAS VIVIENDAS JAPONESAS solían tener en el jardín una casa separada para celebrar la ceremonia del té.

Casa de té

Aseos y retrete

Tetera y agua fresca

Casa

Otros edificios japoneses mostraban la educación, elegancia y refinamiento de su dueño. La exquisita ceremonia del té fue inventada, al parecer, por un monje del siglo XV, y en seguida se difundió entre quienes compartían sus sabias opiniones filosóficas. Era un gran cumplido ser invitado a la casa de té para participar en esta ceremonia en un ambiente tranquilo y refinado.

△ MAQUETA DE CERÁMICA de una casa tradicional china con patio (hacia el año 100 d. C.).

CHINA

E N CHINA, el grupo social más importante era la familia, y este hecho se reflejaba en las casas, que tenían que ser lo suficientemente grandes para alojar a todos sus miembros: los padres, los hijos casados y sus esposas, los nietos y los bisnietos. También había en ellas un espacio reservado para el altar de los espíritus de los antepasados.

Las familias chinas vivían del trabajo en sus propias granjas y talleres familiares. Se han encontrado maquetas, enterradas en tumbas, que representan estas ocupaciones familiares y proporcionan información sobre casas chinas corrientes desaparecidas hace ya mucho tiempo.

Las maquetas de las tumbas eran de arcilla, pero en realidad los materiales de construcción utilizados variaban de una región a otra. En el Norte y a lo largo de las costas rocosas, las casas eran de piedra o ladrillo; en el Sudeste, donde abundaban los bosques, de madera. En las regiones del centro de China, las viviendas se excavaban en los suelos limoarcillosos. Algunas de estas cuevas artificiales se siguen habitando en la actualidad.

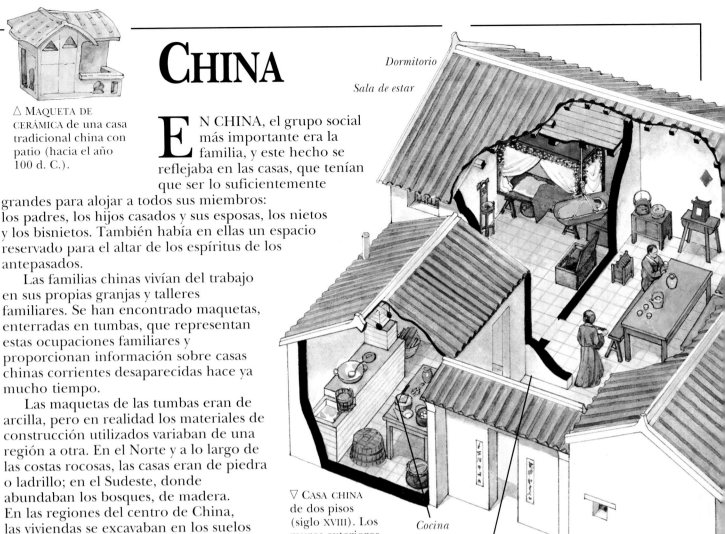

Dormitorio

Sala de estar

▽ CASA CHINA de dos pisos (siglo XVIII). Los muros exteriores eran de piedra; dentro, los suelos, tabiques y columnas eran de madera.

Cocina

Patio

△ CASA DE PUEBLO (siglo XIX). Las casas de pueblo chinas tenían un patio central y estaban resguardadas del exterior por gruesos muros y una sólida puerta.

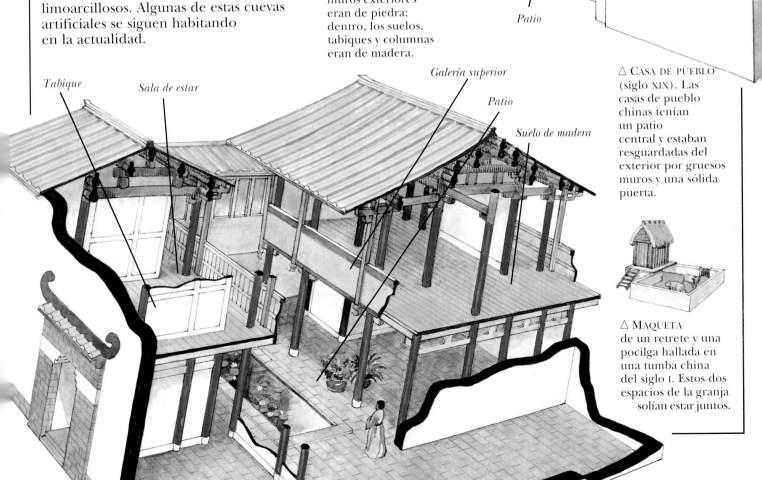

Tabique

Sala de estar

Galería superior

Patio

Suelo de madera

△ MAQUETA de un retrete y una pocilga hallada en una tumba china del siglo I. Estos dos espacios de la granja solían estar juntos.

△ CASA URBANA de Edimburgo, Escocia (siglo XVIII). Estas elegantes viviendas eran sólo para familias ricas, que podían permitirse el lujo de contratar a todos los criados necesarios para mantenerlas.

▽ LAS FAMILIAS RICAS querían que en su casa todo fuese elegante y moderno. Este dibujo muestra un decorativo retrete de 1795.

OCCIDENTE

A LGUNOS HISTORIADORES consideran el siglo XVIII como «la cumbre de la civilización europea». Los pintores, escritores y compositores de esa época crearon grandes obras maestras. Algunos arquitectos europeos, como los hermanos Adam, diseñaron casas que, agrupadas en armoniosas hileras o alrededor de grandes plazas ajardinadas, parecieron a muchas personas las más elegantes viviendas jamás construidas.

△ EVOLUCIÓN DE LA GRANJA de un colono americano del siglo XVIII. Se despejaba un terreno y se construía una cabaña.

△ SE CULTIVABA EL TERRENO y se ampliaba la cabaña, dotándola de más comodidades.

△ A MEDIDA QUE LA GRANJA prosperaba, se construía una casa nueva de dos pisos, con cercados y graneros.

△ EL GRANJERO vivía ya en una mansión. No quedaban restos de la vegetación original.

Pero estas elegantes construcciones sólo estaban al alcance de unos cuantos ciudadanos ricos, que contaban con gran número de criados, obreros y artesanos para mantener sus bellas casas y el lujoso estilo con que vivían.

Para la gente corriente, la vida no era tan cómoda. En el campo, los jornaleros se enfrentaban a la pobreza, e incluso al hambre. Con frecuencia, ni siquiera tenían medios para arreglar las goteras y demás desperfectos de sus humildes viviendas. En las florecientes ciudades industriales, los obreros recibían al menos un salario, pero las viviendas y las condiciones laborales eran durísimas. Muchas personas decidieron emigrar a América, para iniciar allí una nueva vida como agricultores o comerciantes. Si tenían suerte y trabajaban duro, podían incluso llegar a hacer fortuna. Surgía así una nueva y emprendedora civilización.

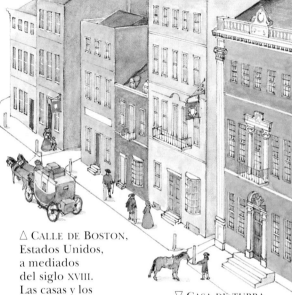

△ CALLE DE BOSTON, Estados Unidos, a mediados del siglo XVIII. Las casas y los edificios públicos eran de ladrillo, con las fachadas enlucidas y la cubierta de tejas.

▽ CASA DE TURBA, construida por colonos europeos en Nebraska, Estados Unidos (hacia 1887). La turba era un buen material de construcción en las zonas donde escaseaba la madera.

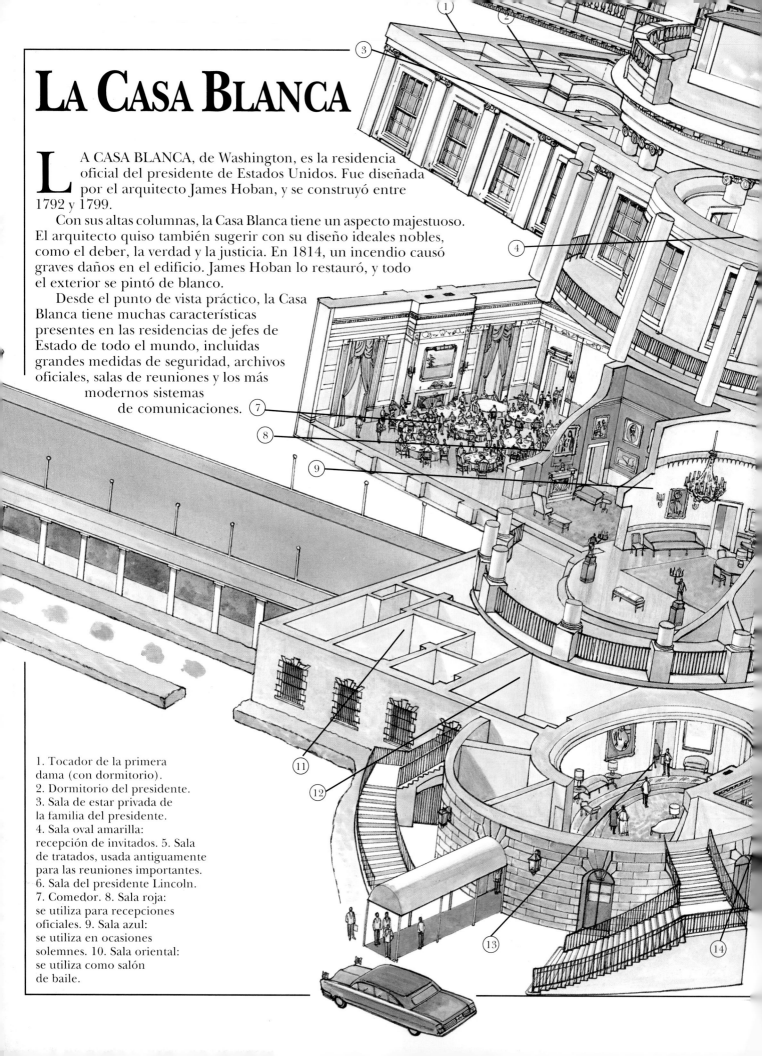

LA CASA BLANCA

LA CASA BLANCA, de Washington, es la residencia oficial del presidente de Estados Unidos. Fue diseñada por el arquitecto James Hoban, y se construyó entre 1792 y 1799.

Con sus altas columnas, la Casa Blanca tiene un aspecto majestuoso. El arquitecto quiso también sugerir con su diseño ideales nobles, como el deber, la verdad y la justicia. En 1814, un incendio causó graves daños en el edificio. James Hoban lo restauró, y todo el exterior se pintó de blanco.

Desde el punto de vista práctico, la Casa Blanca tiene muchas características presentes en las residencias de jefes de Estado de todo el mundo, incluidas grandes medidas de seguridad, archivos oficiales, salas de reuniones y los más modernos sistemas de comunicaciones.

1. Tocador de la primera dama (con dormitorio).
2. Dormitorio del presidente.
3. Sala de estar privada de la familia del presidente.
4. Sala oval amarilla: recepción de invitados. 5. Sala de tratados, usada antiguamente para las reuniones importantes.
6. Sala del presidente Lincoln.
7. Comedor. 8. Sala roja: se utiliza para recepciones oficiales. 9. Sala azul: se utiliza en ocasiones solemnes. 10. Sala oriental: se utiliza como salón de baile.

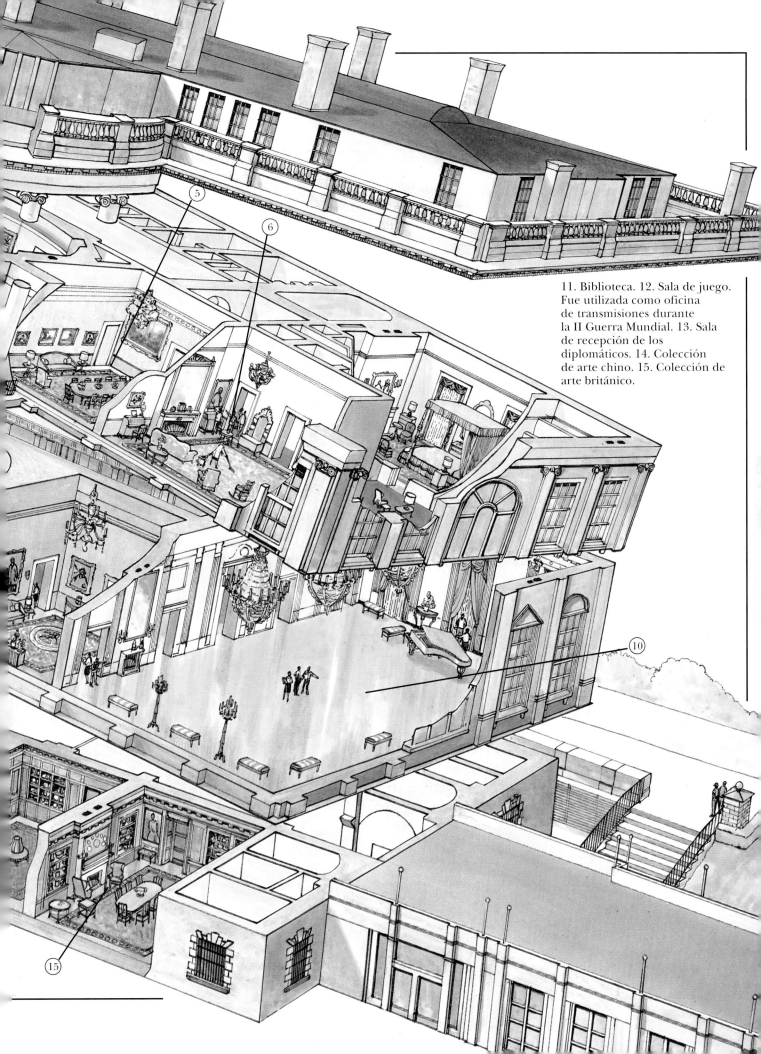

11. Biblioteca. 12. Sala de juego. Fue utilizada como oficina de transmisiones durante la II Guerra Mundial. 13. Sala de recepción de los diplomáticos. 14. Colección de arte chino. 15. Colección de arte británico.

LAS CASAS DE LOS TRABAJADORES

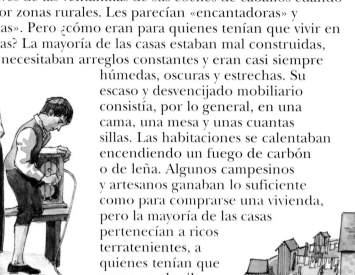

△ ESTA FAMILIA de campesinos franceses del siglo XVII vende pan y cerveza en la calle.

A LOS RICOS PROPIETARIOS de las espléndidas residencias construidas en Europa y América durante el siglo XVIII les gustaban mucho las casitas de campo que veían a través de las ventanillas de sus coches de caballos cuando viajaban por zonas rurales. Les parecían «encantadoras» y «pintorescas». Pero ¿cómo eran para quienes tenían que vivir en ellas? La mayoría de las casas estaban mal construidas, necesitaban arreglos constantes y eran casi siempre húmedas, oscuras y estrechas. Su escaso y desvencijado mobiliario consistía, por lo general, en una cama, una mesa y unas cuantas sillas. Las habitaciones se calentaban encendiendo un fuego de carbón o de leña. Algunos campesinos y artesanos ganaban lo suficiente como para comprarse una vivienda, pero la mayoría de las casas pertenecían a ricos terratenientes, a quienes tenían que pagar un alquiler. A menudo, en una sola vivienda se alojaban varias familias, pues eran demasiado pobres para tener una casa para cada uno.

△ LA GENTE HUMILDE sólo podía comprar velas de sebo. Daban poca luz, pero permitían a la familia trabajar hasta muy tarde.

△ INTERIOR de la casa de un próspero artesano alemán (1823). Toda la familia hace sombreros de paja para venderlos.

▽ EL TELAR de este tejedor alemán del siglo XIX ocupa casi todo el espacio de su casa. Consta de una sola pieza, donde se trabaja, come y duerme.

En las ciudades, las condiciones de vida no eran mucho mejores. Durante el siglo XIX se construyeron millones de casas nuevas para alojar a los obreros de los cada vez más populosos centros industriales de Europa y América. Pero a los constructores y a los responsables de la planificación urbanística les interesaba más hacinar a los trabajadores en el menor espacio posible (así ganaban más dinero) que proporcionarles hogares cómodos y agradables.

△ CASA TRADICIONAL DE JORNALEROS de Cork, Irlanda. Era de piedra sin labrar y estaba techada con turba.

▽ VIVIENDAS DE OBREROS LONDINENSES, construidas al lado de la vía férrea en la década de 1870. Este tipo de casas daban bastante intimidad a cada familia, pero solían ser húmedas y sucias, y estaban plagadas de chinches y pulgas.

△ CASA DE MADERA DEL NORTE DE RUSIA (siglo XIX). El techo era de tablones, y las paredes, de gruesos troncos recubiertos de planchas de madera para aislar mejor el interior del intenso frío invernal.

▽ BARRACÓN DE MADERA construido para alojar a inmigrantes franco-canadienses en Massachusetts, Estados Unidos (hacia 1900). Muchas familias salieron de Canadá para buscar trabajo en las florecientes ciudades industriales de Estados Unidos. Trabajaban en pésimas condiciones y tenían que vivir en sitios como éste.

△ ALGUNOS DE LOS SIRVIENTES necesarios para mantener una mansión rural y sus propiedades.

1. Mayordomo.
2. Administrador de la casa.
3. Ayuda de cámara.
4. Camarero.
5. Doncella.
6. Ama de llaves.
7. Cocinera.
8. Niñera.
9. Lacayo.
10. Criada.
11. Fregonas.
12. Chico de los recados y limpiabotas.
13. Capataz.
14. Montero.
15. Carpintero.
16. Herrero.
17. Mozo de cuadra.
18. Mozos de labranza.
19. Perreros.
20. Cochero.

MANSIONES RURALES

COMO LOS CASTILLOS MEDIEVALES, las grandes propiedades rurales europeas de los siglos XVIII Y XIX eran mundos aparte, casi autosuficientes. Para el propietario, la gran finca con su espléndida casa era el símbolo de su poder y condición social. Para los trabajadores y los campesinos de los alrededores, la «gran casa» con sus campos, granjas, huertos y talleres, representaba la oportunidad de tener un trabajo fijo y, posiblemente, de recurrir a alguien en las épocas difíciles, pero también tener que adaptarse a las ideas políticas o las excentricidades personales del propietario y su familia.

Construir y mantener la mansión rural costaba muchísimo dinero; sólo en salarios, el señor podía gastarse casi la mitad de sus ingresos. Los criados de más categoría estaban bien pagados; un mayordomo podía ganar a mediados del siglo XIX tanto como el mejor artesano, más casa y comida. La suntuosa decoración y mobiliario de los salones para recepciones, los aposentos privados, la biblioteca, la galería de cuadros y la inmensa cocina llevaban a muchos propietarios al borde de la ruina.

▷ CASA DE CAMPO DEL SIGLO XIX, en Erddig, País de Gales, con la mansión y las dependencias para los trabajadores y el ganado.

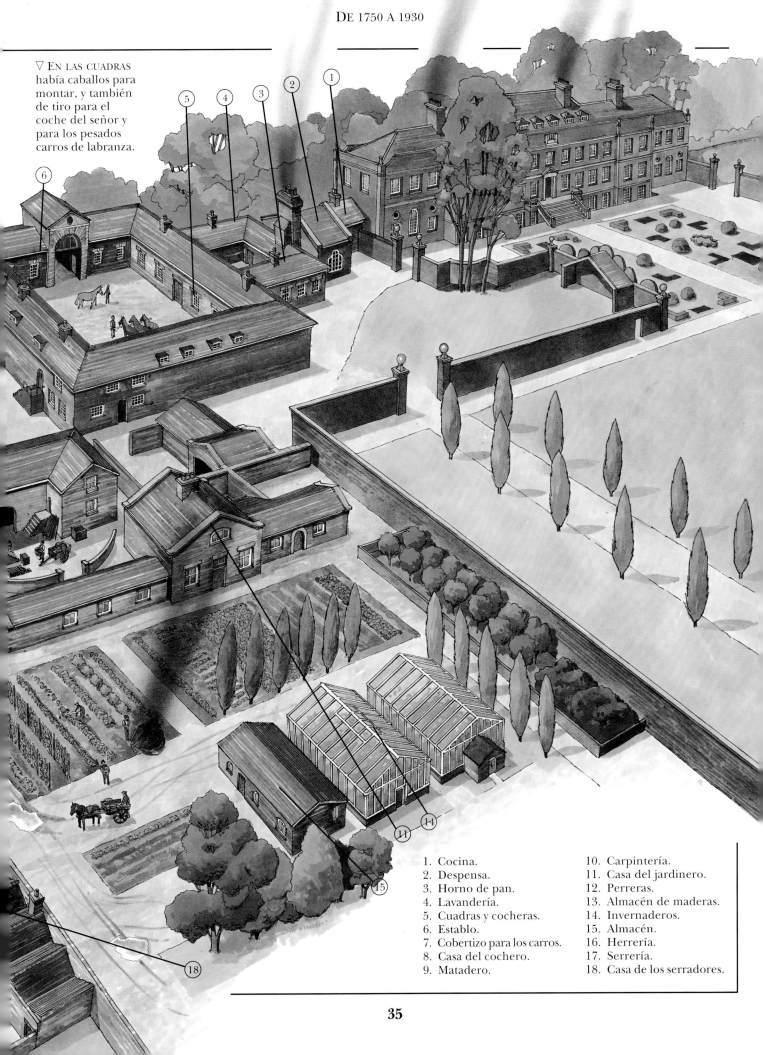

▽ EN LAS CUADRAS
había caballos para
montar, y también
de tiro para el
coche del señor y
para los pesados
carros de labranza.

1. Cocina.
2. Despensa.
3. Horno de pan.
4. Lavandería.
5. Cuadras y cocheras.
6. Establo.
7. Cobertizo para los carros.
8. Casa del cochero.
9. Matadero.
10. Carpintería.
11. Casa del jardinero.
12. Perreras.
13. Almacén de maderas.
14. Invernaderos.
15. Almacén.
16. Herrería.
17. Serrería.
18. Casa de los serradores.

◁ LA CASA ROJA, Bexleyheath, Kent, Reino Unido (1850). Obra del arquitecto Philip Webb, esta casa era la residencia del artista británico William Morris, uno de los principales representantes del estilo *Arts and Crafts*.

▽ BARRIO RESIDENCIAL de Bedford Park, Londres, diseñado por el arquitecto Richard Norman en 1875. Todas las casas tenían jardín.

BARRIOS RESIDENCIALES

DURANTE EL SIGLO XIX, las ciudades crecieron rápidamente en Europa y América, pero para la mayoría de sus habitantes las condiciones de vida no mejoraron. El hacinamiento, la suciedad y la contaminación originaban peligrosas epidemias, y la delincuencia y el alcoholismo estaban a la orden del día. A finales del siglo XIX, políticos y arquitectos intentaron buscar soluciones para mejorar la calidad de vida en las ciudades; se perfeccionaron los sistemas de suministro y evacuación de aguas; se separaron las zonas industriales de las residenciales. Se construyeron también barrios residenciales nuevos, donde las casas estaban bien construidas, el aire era limpio y había agua corriente y un buen alcantarillado, pero muy pocas personas podían mudarse a ellos.

▽ LA CASA SHERMAN, Newport, Connecticut, Estados Unidos. Construida en la década de 1880, esta casa estaba inspirada en las viviendas tradicionales inglesas del siglo XVIII.

△ VILLA BLOEMENWERF, Bruselas. Construida en 1896 en el estilo *art nouveau*, por el artista y arquitecto Henry van der Velde. Tenía también influencias de las casas holandesas del siglo XVII.

△ LA CASA ORCHARD, Chorley Wood, Hertfordshire, Reino Unido. Esta casa, de 1900, está inspirada en el estilo *Arts and Crafts.*

Con los barrios residenciales construidos en las afueras de las ciudades entre alrededor de 1870 y 1930 apareció una nueva forma de entender la arquitectura. Por primera vez, arquitectos de renombre diseñaron viviendas para personas acomodadas, que no eran inmensamente ricas y poderosas. En estos nuevos barrios residenciales se mezclaban caprichosamente los más variados estilos utilizando, por ejemplo, falsa decoración de madera para imitar estilos tradicionales, pero las casas eran muy cómodas y agradables. Estas gentes, artistas, comerciantes y hombres de negocios, querían construirse residencias, en el campo y en la ciudad, en los estilos más modernos.

△ EL ARQUITECTO DE LA CASA ORCHARD, C. F. A. Voysey, diseñó la casa para habitarla él mismo. Quiso hacer un edificio de líneas sencillas y puras.

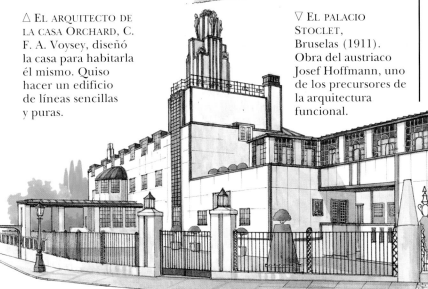

▽ EL PALACIO STOCLET, Bruselas (1911). Obra del austriaco Josef Hoffmann, uno de los precursores de la arquitectura funcional.

△ CASA BRITÁNICA DE ESTILO TUDOR de ladrillo y madera. Hacia 1930 proliferaron en Gran Bretaña este tipo de casas para familias de clase media.

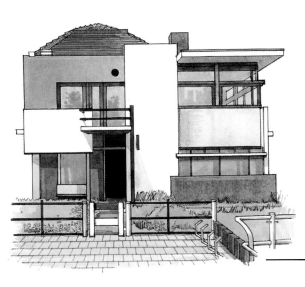

◁ LA CASA SCHRÖDER-SCHRÄDER, con armazón de acero, construida en Utrecht, Países Bajos.

△ LA CASA DE LA CASCADA, Bear Run, Pennsylvania, Estados Unidos (1936). Esta imponente casa de cemento, emplazada en un espectacular paraje, es obra del arquitecto Frank Lloyd Wright, que la dotó de amplios ventanales para que se apreciase bien la vista.

BLOQUES DE PISOS

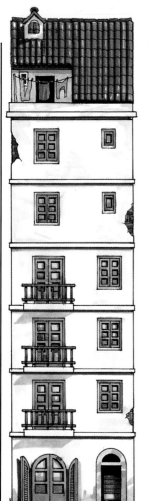

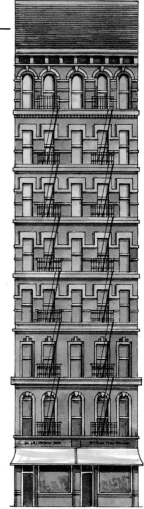

LOS BARRIOS RESIDENCIALES ayudaron a mejorar el problema de la vivienda en las ciudades, pero tenían dos inconvenientes: ocupaban mucho terreno y, como estaban en las afueras, sus habitantes tardaban mucho en llegar al trabajo. En Europa, los arquitectos intentaron resolver de distintas formas el problema de la falta de espacio. En unos casos, se limitaron a aumentar la altura de las casas tradicionales, aunque, por razones técnicas, estos edificios sólo tenían alrededor de seis pisos como máximo. En otros, combinaron las zonas comerciales con las de vivienda, construyendo nuevos bloques con elegantes tiendas en la planta baja y espaciosas viviendas en los pisos superiores. Algunos arquitectos utilizaron una caprichosa e imaginativa decoración para hacer que un bloque de pisos ocupado por muchos vecinos pareciese atractivo y acogedor. Al mismo tiempo, experimentaron con nuevos materiales (cemento y acero) y con nuevos métodos de construcción, como los módulos prefabricados.

A partir de los años treinta, los arquitectos, inspirándose en los rascacielos construidos en Estados Unidos para albergar oficinas y hoteles, proyectaron grandes bloques de viviendas. Al principio, estas «calles verticales» fueron muy bien acogidas, pero hoy día sabemos que hay mucha gente que se siente sola y aislada viviendo en ellas.

△ SECCIÓN DE UN BLOQUE DE PISOS, Italia (1910). En el terreno que antes ocupaba una sola casa de tamaño medio, tenían ahora su vivienda varias familias.

△ CASA DE VECINDAD (pisos para familias de clase obrera) construida en Nueva York a finales del siglo XIX. La mayoría de estos edificios tenían poca ventilación y un solo retrete para varias familias.

◁ EL EDIFICIO MAJOLICA de Viena (hacia 1900). La planta baja está ocupada por comercios; las demás son viviendas.

▽ BLOQUE DE PISOS DE LUJO, con ventanas y balcones que dan a un parque, París (1902-1903).

◁ LA CASA MILÁ de Barcelona, obra de Antoni Gaudí (1905-1910).

△ EN LA CASA MILÁ, Gaudí empleó muros de pronunciadas curvas y chimeneas de fantásticas formas para crear un bloque de pisos inquietante y fuera de lo corriente. Como material de construcción utilizó cemento.

△ BLOQUE DE AMPLIOS APARTAMENTOS de lujo construido en 1933 en un distinguido barrio de Londres por un grupo de arquitectos conocido como «Tecton».

◁ GRUPO DE VIVIENDAS DE PROTECCIÓN OFICIAL, compuesto de torres y otros edificios más bajos, construido entre 1956 y 1960 para alojar a 9.500 personas en Roehampton, Londres.

◁ LA UNIDAD DE HABITACIÓN de Marsella, Francia (1946-1952), obra de Le Corbusier. Este arquitecto creó las «unidades de habitación», bloques de pisos que combinaban la independencia de cada inquilino con numerosos servicios comunitarios. La de Marsella tiene tiendas, oficinas, cafeterías, talleres, salas de reunión, un centro comunitario, un teatro, una guardería y un gimnasio, además de pisos para alojar a 1.600 personas.

▽ EL BLOQUE DE VIVIENDAS «HABITAT 67» de Montreal, Canadá, diseñado por el arquitecto Moshe Safdie. Cada vivienda es un módulo prefabricado, que se ajusta a los demás.

RICOS Y POBRES

EN MUCHOS PAÍSES, tener una vivienda digna, es decir, que sea segura y que esté bien aislada del frío y el calor, se considera como uno de los derechos humanos fundamentales. Los gobiernos y las organizaciones de defensa de los ciudadanos han declarado que todo el mundo, joven o viejo, rico o pobre, debería tener la oportunidad de vivir en un casa cómoda. ¿Pero cómo conseguirlo? La vivienda es cara. La mayoría de la gente no tiene medios suficientes para construirse o comprar una casa. Y para levantar nuevos edificios hay que ocupar valiosas zonas verdes, lo que significa contaminar el medio ambiente y consumir recursos cada vez más escasos.

△ EL CENTRO DE TECNOLOGÍA ALTERNATIVA DE MACHYNLLETH, País de Gales, Gran Bretaña, se fundó en 1975 para demostrar que se podía vivir sin causar daños al medio ambiente. Utiliza el sol, el agua y el viento para producir toda la energía que necesita.

▷ VIVIENDAS CREADAS entre 1976 y 1980 en el distrito de Jordaan, Amsterdam. Una gran manzana se dividió en viviendas individuales.

◁ BLOQUE DE APARTAMENTOS de los años setenta diseñado por Bryan Avery aprovechando al máximo el escaso terreno. Los apartamentos son acogedores, están bien aislados del ruido y su mantenimiento es barato.

▽ URBANIZACIÓN DE ESTILO FUTURISTA, construida en Londres en los años setenta. Es toda de cemento y fue muy criticada por su ambiente inhóspito.

△ CHALÉ DE LOS AÑOS OCHENTA. Este tipo de viviendas unifamiliares son cada vez más corrientes, pero, teniendo en cuenta las técnicas de construcción actuales, es posible que no duren tanto como las que se construían en los años veinte y treinta.

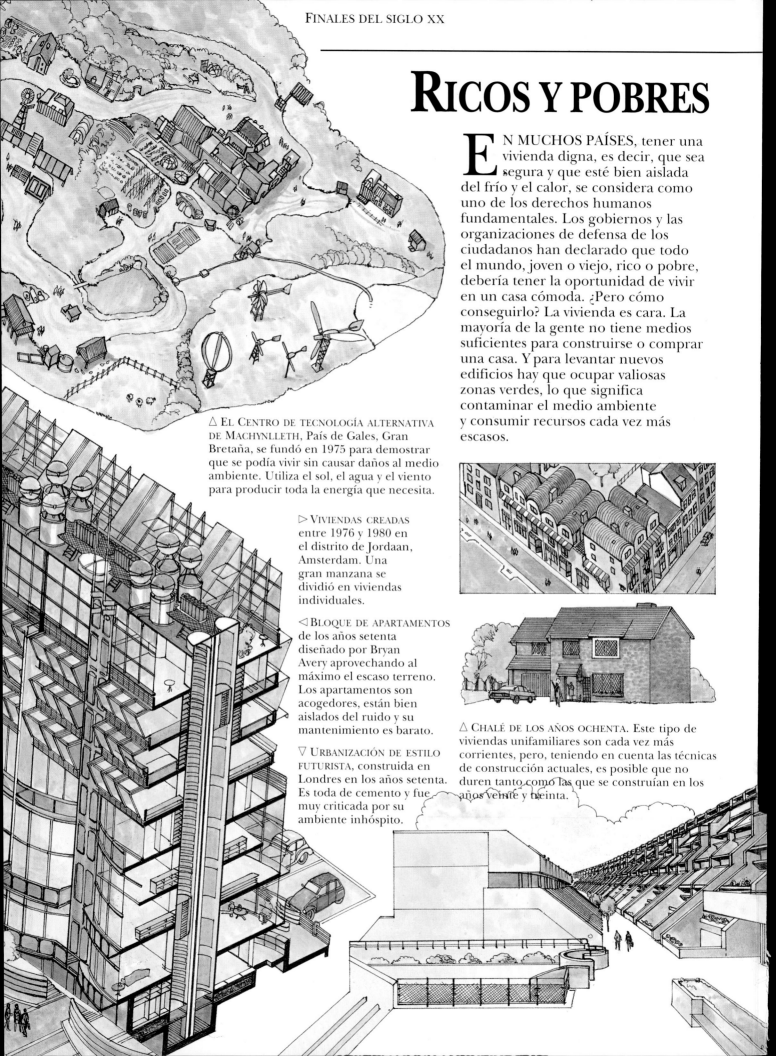

Los expertos intentan buscar soluciones para todos estos problemas. Así, en los países desarrollados, se han diseñado casas especiales, en cuya construcción se emplean recursos renovables baratos, que están muy bien aisladas (para evitar la pérdida de calor) y que aprovechan la energía natural del sol, el agua o el viento para causar el menor daño posible al medio ambiente. Se han puesto en marcha planes de vivienda de protección oficial y existen viviendas públicas, que el Estado alquila a bajo precio a personas sin recursos.

▷ MILLONES DE PERSONAS en el mundo viven en barrios de chabolas como éste, en las afueras de las grandes ciudades.

▷ CHATARRA, PLÁSTICOS, partes de muebles viejos, cualquier cosa sirve para construir una «casa» en un barrio de chabolas, donde lo normal es que no haya electricidad, ni agua corriente ni alcantarillado.

Asimismo, los bancos y las empresas constructoras conceden créditos para ayudar a los trabajadores a comprarse una casa. Pero, por desgracia, esto no es así en todo el mundo. En muchos países, la falta de vivienda sigue siendo un grave problema. En algunas partes de Asia, África y Sudamérica, es difícil encontrar trabajo y los salarios son muy bajos, así que muchas familias tienen que emigrar de los pueblos a las ciudades para ganarse la vida. Una vez allí, no encuentran casa más que en barrios de chabolas. También en los países ricos hay mucha gente que vive en chabolas e incluso en la calle.

▷ EN LAS GRANDES CIUDADES hay muchas personas sin casa, que duermen en la calle protegiéndose con cartones.

EL FUTURO

▷ ¿ES ÉSTA UNA CASA DEL FUTURO? La tecnología necesaria para construir y mantener viviendas así ya existe.

EL FUTURO SIEMPRE ES UNA INCÓGNITA; por lo tanto, lo único que podemos hacer es considerar algunos adelantos tecnológicos actuales y ver cómo se podrían aplicar a las casas que se construirán en el futuro.

Todos los arquitectos, desde los cazadores primitivos que construían chozas de paja hasta los mejores especialistas actuales encargados de elaborar planes para el siglo XXI, tienen que hacerse muchas preguntas a la hora de proyectar una casa: ¿Qué necesitamos? ¿Qué queremos? ¿Qué materiales podemos utilizar: madera, ladrillo, piedra, plástico, cemento, cristal, acero? ¿Qué estilo seguiremos? ¿Cómo es el terreno? ¿Escarpado o llano, reducido o amplio? ¿Cómo es el medio ambiente? ¿Con riesgo de inundaciones o de contaminación? ¿De qué instalaciones disponemos en los alrededores? ¿Alcantarillado, agua, gas, electricidad? Y sobre todo, ¿cuánto costará la obra?

Desde hace poco, los arquitectos se preguntan también: ¿Se puede construir edificios «inteligentes», es decir, con un ordenador capaz de dar respuesta por sí mismo a las necesidades para crear un ambiente cómodo en su interior? La casa imaginaria de esta página muestra cuáles podrían ser las respuestas a todas estas preguntas de los arquitectos del 2000.

1. Paneles solares para suministrar calor.
2. Canalones del tejado que recogen el agua de lluvia, utilizada para lavarse y, una vez purificada, para beber.
3. Antena parabólica que capta las previsiones meteorológicas y las transmite a la unidad de control de la calefacción central.
4. En la cocina, un ordenador almacena recetas, controla las necesidades de la despensa y programa el horno automáticamente.
5. Un guardarropa informatizado nos dice qué ropa ponernos.
6. El retrete analiza nuestras deposiciones y nos informa sobre nuestro estado de salud.

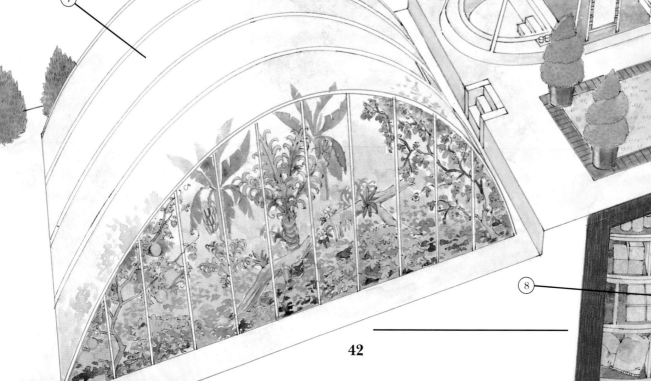

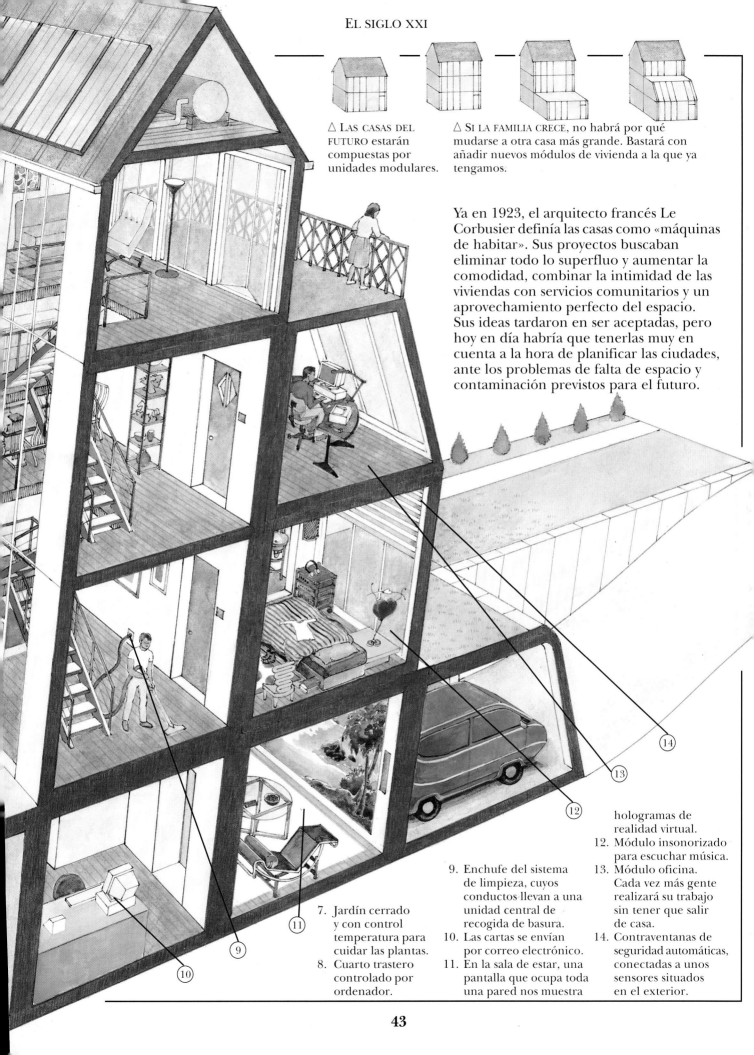

△ LAS CASAS DEL FUTURO estarán compuestas por unidades modulares.

△ SI LA FAMILIA CRECE, no habrá por qué mudarse a otra casa más grande. Bastará con añadir nuevos módulos de vivienda a la que ya tengamos.

Ya en 1923, el arquitecto francés Le Corbusier definía las casas como «máquinas de habitar». Sus proyectos buscaban eliminar todo lo superfluo y aumentar la comodidad, combinar la intimidad de las viviendas con servicios comunitarios y un aprovechamiento perfecto del espacio. Sus ideas tardaron en ser aceptadas, pero hoy en día habría que tenerlas muy en cuenta a la hora de planificar las ciudades, ante los problemas de falta de espacio y contaminación previstos para el futuro.

7. Jardín cerrado y con control temperatura para cuidar las plantas.
8. Cuarto trastero controlado por ordenador.
9. Enchufe del sistema de limpieza, cuyos conductos llevan a una unidad central de recogida de basura.
10. Las cartas se envían por correo electrónico.
11. En la sala de estar, una pantalla que ocupa toda una pared nos muestra hologramas de realidad virtual.
12. Módulo insonorizado para escuchar música.
13. Módulo oficina. Cada vez más gente realizará su trabajo sin tener que salir de casa.
14. Contraventanas de seguridad automáticas, conectadas a unos sensores situados en el exterior.

CRONOLOGÍA

*Choza yugoslava
(c. 4600 a. C.)*

Antes de Cristo

c. **300000** Grupos de cazadores construyen las primeras casas que se conocen, simples refugios de ramas y arbustos. Los ejemplos más antiguos descubiertos hasta ahora proceden de Terra Amata, en el sur de Francia.

c. **35000-10000** Grupos de cazadores del período glacial, que habitan en regiones donde no hay árboles, hacen tiendas

*Casa de un poblado
holandés (4000 a. C.)*

con enormes pieles y huesos de mamut.

c. **12000** Comunidades de cazadores nómadas de Europa construyen campamentos de invierno para grandes grupos familiares. Utilizan madera de árboles de los grandes bosques que poblaban el continente.

c. **6000** Aparecen las primeras ciudades que se conocen, en las fértiles orillas de los grandes ríos de Oriente Medio, especialmente en el actual Iraq. En Turquía, las casas de la ciudad comercial de Chatal Hüyük tienen habitaciones

separadas para trabajar, dormir y adorar a los dioses. Se entra a ellas por el tejado.

c. **5500** En las regiones mediterráneas, comienzan a formarse grandes comunidades rurales. Construyen casas de adobe, junto a sus campos y rebaños.

c. **4000** Comunidades chinas de cazadores y pescadores construyen chozas piramidales de arcilla y paja. En los poblados de las frías regiones del norte de Europa, se construyen casas de madera con el techo de paja.

c. **3000** En diversas partes de Centroeuropa se construyen casas sobre pilotes en medio de lagos. El pueblo esquimal inuit llega a Alaska y al Ártico canadiense desde Siberia. Trae consigo su forma tradicional de construir casas (iglúes y chozas subterráneas de tierra).

c. **2500** Los habitantes de las ciudades de Mohenjo-Daro, Kalibangan y Harappa, en el valle del Indo (norte de la India) viven en grandes casas

con patio, que forman calles bien planificadas, con alcantarillado y baños públicos.

c. **1800** Las comunidades de pescadores de las

*Maquetas de cerámica
griegas (100 a. C.)*

islas Orcadas construyen casas enteras (incluidos los muebles) de piedra.

c. **1700** Se construye en la isla de Creta el palacio del rey Minos. Los cretenses ricos decoran el interior de sus casas con gran elegancia y se rodean de comodidades, como baños y agua corriente.

c. **1500** Los ciudadanos ricos de Egipto se construyen palacetes. La gente corriente vive apiñada en casas más pequeñas. En Centroamérica, los olmecas construyen casas de piedra cuidadosamente tallada.

c. **1000** En Grecia, los reyes guerreros construyen ciudadelas de imponentes bloques de piedra, como Micenas.

Se construyen las primeras chozas de madera y paja en el lugar que se convertirá más tarde en Roma.

c. **900** En América, los indios pima construyen casas de ramas y juncos entrelazados, recubiertas de tierra.

c. **600** Se crea en Atenas, el primer sistema público de abastecimiento de agua.

c. **500** En el norte de Europa, los celtas construyen casas circulares con el techo de paja.

c. **400** Los habitantes de las ciudades estado griegas viven en casas con patio.

c. **200** Se construyen en Roma las primeras calles.

Después de Cristo

c. **100** Los granjeros chinos construyen casas con un patio central. Tienen el retrete junto a la pocilga. En las ciudades y puertos romanos se construyen *insulae* (bloques de pisos). En las afueras de Roma y en las provincias del Imperio romano se construyen villas (casas de campo).

*Muebles romanos
(100 d. C.)*

*Maqueta de cerámica
china (100 d. C.)*

c. **500** Los pueblos germánicos (sajones, anglos, francos y jutos) construyen poblados de casas de madera, revestidas de argamasa y con techo de paja; algunas quedan en parte por debajo del nivel del suelo.

*Tipis de los indios de
América del Norte*

Los pueblos mongoles adoptan un estilo de vida nómada más regular y se limitan a viajar por las grandes llanuras de Asia central, viviendo en yurtas portátiles.

c. **700** En Turquía y Asia Central hay comunidades que viven en cuevas. También en China se construyen templos y viviendas en cuevas.

c. **800** Los mayas de Centroamérica construyen magníficos palacios de piedra para sus reyes y sencillas casas de adobe para el pueblo.

c. **800** Los vikingos construyen sólidas casas de madera y piedra, muy bien aisladas del frío invernal. Muchas

Casa de un comerciante alemán del siglo XV

tienen muebles empotrados, como camas adosadas a las paredes de la sala de estar. En los territorios vikingos donde no había árboles, las casas eran de piedra y turba.

c. 1100 Los señores normandos, conquistadores de Inglaterra, empiezan a construir sencillos castillos que les sirven de fortaleza y de residencia.

c. 1200 En las ciudades europeas, los banqueros, comerciantes y nobles ricos se construyen bellas casas de piedra. El

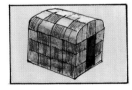

Casa de indios norteamericanos (1600)

pueblo vive en simples chozas de madera revestidas de barro y paja.

c. 1400 En las ciudades y pueblos de Europa, las casas de las familias prósperas son ya edificios de madera o piedra, sólidos y bien construidos. Además de viviendas, son taller o tienda.

c. 1450 Los incas de Perú construyen casas capaces de resistir los terremotos.

c. 1500 Comienza a generalizarse en el norte de Europa el uso de ladrillos

Casa de una familia humilde neerlandesa (siglo XVII)

de barro cocido para construir casas.

c. 1550 Se construyen las primeras mansiones señoriales europeas.

c. 1750 Se reconstruyen en elegantes estilos los distritos ricos de muchas ciudades europeas y americanas. En las zonas rurales, los terratenientes se construyen bellas casas de campo nuevas o reforman las de sus antepasados.

c. 1800 La Revolución Industrial lleva a millones de trabajadores a emigrar a las ciudades para buscar trabajo en las fábricas. Viven hacinados en insalubres barrios bajos o en casas de vecindad. En las zonas rurales, los campesinos continúan viviendo en casas de estilo tradicional, la mayoría en la más absoluta miseria.

c. 1870 Se construyen en las afueras de las ciudades los primeros barrios residenciales. En la misma época se construyen también cómodos chalés para familias de clase media. Pronto aparecen las «ciudades jardín», cuyos habitantes disfrutan

Casa de pueblo de la India, 1760

de aire fresco y un entorno agradable.

c. 1890 Los barrios elegantes de las ciudades europeas se reconstruyen con bloques de pisos de los estilos artísticos más modernos.

c. 1900 Los arquitectos estadounidenses diseñan grandes rascacielos, utilizando nuevas técnicas de construcción y empleando el acero, el cristal y el hormigón. Sus ideas se extienden por todo el mundo.

c. 1920 Los arquitectos europeos, encabezados por Le Corbusier, empiezan a construir altos bloques de pisos.

Granja de América del Norte (siglo XVIII)

c. 1930 Los arquitectos alemanes y escandinavos construyen viviendas de espectacular sencillez, en las que es el propio cliente el que decide cómo han de estar dispuestas las habitaciones.

c. 1950 Una vez finalizada la II Guerra Mundial, los países más afectados por la contienda emprenden grandes proyectos de reconstrucción de viviendas.

Bloque de pisos de París (1902)

c. 1960 Las empresas constructoras empiezan a levantar urbanizaciones de viviendas unifamiliares adosadas e idénticas.

c. 1970 Los grandes bloques de pisos son objeto de muchas

Barrio residencial británico (años treinta)

críticas. Cada vez hay mayor conciencia de las grandes diferencias existentes en todo el mundo entre ricos y pobres a la hora de acceder a una vivienda.

c. 1980 Se construyen en Japón y en Europa edificios «inteligentes».

«Habitat 67», Montreal, Canadá

Cama del Renacimiento

GLOSARIO

Adobe Masa de barro moldeada en forma de ladrillo y secada al sol.

Aislamiento Barrera (por ejemplo, una gruesa pared) concebida para cerrar un espacio y protegerlo de los cambios de temperatura.

Almenas La parte superior de una muralla, generalmente con huecos espaciados a todo lo largo.

Anfiteatro Espacio circular y rodeado de gradas donde en la antigüedad se celebraban espectáculos.

Anglos Uno de los pueblos germánicos que invadieron Inglaterra en el siglo V.

Argamasa Mezcla de cal, arena y agua, o también de barro y paja o crines de caballo.

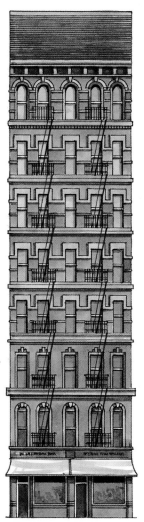

Armazón La estructura básica de tablas, barras u otro material que sostiene una casa.

Arquitectura funcional Concepción de la arquitectura, que surgió a mediados del siglo XX, que considera que la forma debe estar siempre determinada por la función. Junto a la solidez y la utilidad de las construcciones, tiene en cuenta también los efectos y los valores psicológicos que se desprenden del conjunto.

Art nouveau Estilo de decoración, basado en fluidas líneas curvas, que se desarrolló en Europa hacia 1900.

Arts and Crafts Estilo de decoración, basado en las artes populares inglesas, que se desarrolló en Gran Bretaña alrededor de 1900.

Atrio En las casas romanas, patio central al que daban el resto de las dependencias. El atrio estaba cubierto por un tejado inclinado hacia dentro, sostenido por dos vigas macizas (atrio toscano), o bien por un techo sostenido por cuatro columnas (atrio tetrástilo) o por medio de dos columnas o más (atrio corintio).

Ayuda de cámara Criado que estaba al servicio personal del señor.

Azotea Cubierta plana de una casa, utilizada para diversas tareas domésticas, como tender ropa.

Barracón Edificio grande utilizado por grupos de personas (normalmente soldados o esclavos) para dormir o descansar.

Capataz El encargado general de una finca.

Correo electrónico El envió de cartas por medio de un ordenador, conectado a una red informática.

Cubierta Lo que tapa una casa por arriba; se llama tejado si es de tejas.

Doncella Criada al servicio personal de la señora de una casa.

Empalizada Cerca colocada alrededor de un espacio para protegerlo de los atacantes.

Encalar Blanquear una pared con una capa de cal.

Enlucir Revestir con una capa de yeso o mezcla las paredes, techos o fachadas de un edificio.

Escribas Funcionarios de la antigüedad encargados de redactar textos.

Extramuros Que está fuera de las murallas, es decir, lo contrario es intramuros.

Franco De los francos, los primeros habitantes del norte de Francia y el sur de Alemania.

Ginna Casa de los sacerdotes de la tribu dogon de África occidental.

Hogan Casa de tierra y ramas de algunas tribus indias americanas.

Khana El armazón plegable de madera que sostiene una yurta.

Lacayo Criado que acompaña al señor cuando viaja en carroza.

Mayordomo El criado principal de una casa.

Montero Ayudante del señor cuando va de caza.

Mozo Criado en general. El de cuadra se ocupaba de los caballos; el de labranza, de los campos, etcétera.

Neolítico Período de la prehistoria que se define por la presencia de actividades productivas, sean agrícolas o ganaderas. En este período se inventan el carro y la rueda y se inician la vida aldeana y los intercambios comerciales.

Nomadismo Modo de vida caracterizado por el desplazamiento de grupos humanos sin residencia fija con el fin de asegurar su subsistencia.

Paleolítico Etapa de la prehistoria caracterizada por la ausencia de actividades productivas, con predomino de la caza y la recolección.

Perrero Encargado de los perros de caza de una mansión señorial.

Pilotes Postes utilizados para sostener casas por encima de una superficie de agua.

Precolombino Anterior al descubrimiento de América por Cristóbal Colón.

Puritano Adepto al puritanismo, rama del protestantismo muy rigurosa y austera, que apareció en Inglaterra en el siglo XVII. Por extensión, se llama así a las personas con valores morales muy rígidos.

Rajá Palabra hindú que significa «rey».

Sajón Uno de los pueblos germánicos que invadieron Inglaterra en el siglo V.

Sebo Grasa de vaca o cordero, utilizada para hacer velas o jabón.

Sedentarismo Modo de vida caracterizado por el asentamiento permanente de los grupos humanos en un lugar fijo de residencia.

Soportales Pasillos cubiertos y bordeados de columnas, construidos alrededor de una plaza o a lo largo de una fachada.

Telar Máquina utilizada para tejer ropa. Hasta la Revolución Industrial eran manuales.

Tudor Estilo artístico que se desarrolló en Inglaterra con los reyes de la dinastía Tudor (siglo XVI).

Zócalo La parte inferior de una pared.